Michael Stahl

Vom Abseits ins Leben

AF217473

Michael Stahl

Vom Abseits ins Leben

Eine Zeitreise mit Toren, Titeln,
Tiefpunkten & wahrem Glück

GloryWorld-Medien

1. Auflage 2023

© 2023 Michael Stahl

© 2023 GloryWorld-Medien, Xanten, Germany, www.gloryworld.de

Bibelzitate sind, falls nicht anders gekennzeichnet, der Übersetzung „Neues Leben. Die Bibelübersetzung", Holzgerlingen, 2002, entnommen. Weitere Bibelübersetzungen:

ELB: Elberfelder Bibel, Revidierte Fassung von 2006
HFA: Hoffnung für alle, Basel und Gießen, 1983
LUT: Lutherbibel, Revidierte Fassung von 2017

Lektorat: Klaudia Wagner
Satz: Manfred Mayer
Umschlaggestaltung: Rainer Zilly, www.kreativ-agentur-zilly.de
Fotonachweis: Dmytro Aksonov/iStock.com / pixabay.com
Druck: CPI books GmbH, Leck

Printed in Germany

ISBN: 978-3-95578-627-4

Bestellnummer: 356627

Erhältlich beim Verlag:

GloryWorld-Medien
Beit-Sahour-Str. 4
46509 Xanten
Tel.: 02801-9854003
Fax: 02801-9854004
info@gloryworld.de
www.gloryworld.de

oder in jeder Buchhandlung

Inhalt

Gewidmet einem wunderbaren,

wertvollen und geliebten Menschen:

DIR

„Vorberichterstattung"

„Fußball ist unser Leben, denn König Fußball regiert die Welt",
so heißt es in einem alten Lied. Für viele mag Fußball tatsächlich ihr Leben sein und vielleicht sogar ihr König, der ihre kleine
Welt regiert. Aber was ist, wenn unser persönlicher Schlusspfiff
ertönt? Was bleibt von all den Siegen und Niederlagen?

In diesem Buch geht es um das wahre Leben, das wahre
Glück, den König der Könige und natürlich auch um Fußball.
Doch selbst, wenn du dich persönlich nicht für Fußball interes-
sierst, wirst du mit Sicherheit beim Lesen viel Gutes gewinnen
können. Ich schreibe mit einfachen Worten und flanke sie aus
meinem Herzen hoffentlich direkt in das deine.[1]

Ja, ich bekenne es von vorneweg: Ich habe Jesus sehr lieb.
Er ist für mich die Liebe in Person. Er nahm mich aus dem
Abseits und wurde zu meinem persönlichen „Golden Goal".

Wer IHN hat, der hat einen Ort, an dem er alle Niederlagen,
alles Versagen, jede Demütigung ablegen kann. Er ist der
Coach deines Lebens, der dich motivieren möchte, bei dem du
auftanken kannst, ja, er selbst ist die Siegestrophäe.

Wer IHN hat, hat das Leben – hat bereits schon jetzt den
Sieg inmitten des Durcheinanders in der Welt.

Also lasst uns unsere Abwehr zusammenhalten und gemeinsam nach vorne stürmen. ALLE für den einen, der Alles für uns
alle aus Liebe gegeben hat.

---

[1] Wer schon etwas von mir gelesen hat, der weiß, dass ich beim Schreiben
gerne das vertraute Du oder Ihr nehme. Seit 1993 arbeite ich als Lehrer für
Selbstbehauptung und als Motivationstrainer in vielen Einrichtungen. Ich
war in unzähligen Schulen, Gefängnissen, Heimen sowie manches Mal auch
am Bett von Sterbenden, und wir waren stets per Du miteinander.

Raus aus dem Abseits, mitten hinein in das wahre Leben. Die Ärmel hochgekrempelt, die Schuhe fest geschnürt, um mit fokussiertem und entschlossenem Blick nach vorne zu spielen, bereit für das alles entscheidende Spiel um dein Herz.

Für wen schlägt dein Herz? Für irgendein Bundesligateam? Für ein internationales Team? Für Menschen oder für den, der sein Herz an dich und mich verschenkte?

So lasst uns nun laufen, uns gegenseitig die Pässe zuspielen und motivieren; egal wie die Umstände sind, aus allem das Beste machen; unser Bestes geben in der gewissen Hoffnung, dass Jesus den Rest macht.

Wenn unser persönlicher Schlusspfiff ertönt und wir das Spielfeld verlassen, dann wissen wir, es geht nach Hause. Aber noch spielen wir und wollen mit unserem Spiel und unserer Leidenschaft viele begeistern, damit immer mehr gemeinsam mit uns voller Freude vom Abseits ins Leben rennen.

Herzlichst
Michael

Vorwort von David Kadel

Fußball – die schönste Nebensache der Welt

Es gibt zwei Dinge, für die man mich nachts um drei wecken kann, und ich wäre sofort dabei: Eine coole Pokerrunde und einen deftigen Kick bei Flutlicht auf dem heiligen Rasen: An drei Mann vorbei dribbeln, Doppelpass mit Michael Stahl, Ball mit der Brust stoppen und Seitfallzieher voll in den Winkel. Da vergisst man jeden Schlafmangel sofort!

Meine große Liebe, den Fußball, habe ich als Sechsjähriger entdeckt, als ich mit staunenden Kinderaugen die WM 1974 in der „Glotze" verfolgte und mich in dieses unglaublich magische Spiel verliebte. Damals waren Grabowski und Hölzenbein von der Eintracht meine ersten Fußballhelden, die ich anhimmelte. Und wer hätte gedacht, dass ich zwanzig Jahre später selbst beginnen sollte, als Mentaltrainer mit Fußballprofis zu arbeiten.

Wenn man dann tagtäglich mit vermeintlichen „Fußball-stars" zu tun hat, verliert man recht schnell die Scheu, weil man merkt, dass sie ganz normale Menschen sind, mit Ängsten und Sehnsüchten und Hausstauballergie ☺.

Und doch gibt es einige Spieler und Trainer, die mich im Laufe der Jahre tatsächlich inspiriert haben. Jedoch nicht wegen ihrer schönen Tore oder Titel, sondern aufgrund ihrer faszinierenden Persönlichkeiten. Spieler wie David Alaba, Zé Roberto, Davie Selke, Breel Embolo. Trainer wie Jürgen Klopp, Marco Rose, Heiko Herrlich und Sandro Schwarz. Eins haben sie alle gemeinsam: Sie erzählen – in aller Öffentlichkeit – von einem sehr intimen Thema, das in den letzten Jahrzehnten in unserer Gesellschaft immer mehr an Bedeutung verloren hat: das Christsein.

Alaba, Rose & Co. verraten in manchen Interviews, dass sie mit dem tiefen Glauben an Gott etwas in ihrem Leben gefunden haben, das ihnen (in diesem oft gnadenlosen Fußballgeschäft) Kraft gibt und sie gleichzeitig erdet. Als ich Jürgen Klopp in Liverpool besuchte (für die Dreharbeiten zu meinem Film „Und vorne hilft der liebe Gott") verriet er mir, dass Jesus für ihn die wichtigste Person der Weltgeschichte sei, und erklärte den Tod Jesu und den Grund, warum er als Christ Ostern feiert, auf solch berührende Weise, dass das ganze Kamerateam beim Zuhören eine Gänsehaut hatte!

In diesen Momenten – wenn die Fußballer so offenherzig von ihrer Freude an Gott erzählen – wird Fußball für mich tatsächlich zur „schönsten NEBENSACHE der Welt"! Da, wo der Fußball längst zum kalten Milliardengeschäft geworden ist und die Bundesliga oft als menschenverachtendes Haifischbecken bezeichnet wird, sind es diese wenigen „echten Typen", die uns daran erinnern, was wirklich wichtig ist im Leben. „Aber was genau wäre das denn?", habe ich „Kloppo" einmal gefragt. Seine Antwort: „Die ‚4D' in meinem Leben inspirieren mich total: DEMUT – DANKBARKEIT – DIENEN – DURCHHALTE-VERMÖGEN!"

Ich bin gespannt, von welchen ewig geltenden Werten das Fußball-Buch von Michael Stahl handelt und freue mich schon auf unseren gemeinsamen Kick nachts um drei! Ich werde Kloppo mal fragen, ob er uns dabei coacht, damit die Bälle nicht wieder alle auf den Dächern landen. Du weißt schon lieber Michael: Oberkörper nach vorne gebeugt beim Schuss – genau wie beim Beten 😊.

Dein David Kadel
www.fussball-gott.com

1 – Der Bomber der Nation

Ich wurde am 6. September 1970 in Bopfingen in Baden-Württemberg geboren, nur wenige Kilometer von der Bayrischen Grenze entfernt, von wo er kam: der „Bomber der Nation", wie sie ihn alle nannten – Gerd Müller. Er stammte aus Nördlingen. Einer aus unserer Region hatte es geschafft und kam zu Weltruhm. Der „Bomber der Nation" spielte beim FC Bayern München. Viele sprachen von ihm. Dadurch wurde ich wohl schon in frühester Kindheit geprägt und wurde – jetzt müsst ihr stark sein 😊 – ein FC Bayern-Sympathisant.

Ich kann mich noch an einige Szenen meiner Kindheit erinnern, z. B. samstagabends, da wurde Sportschau geguckt. Allerdings konnte ich die beiden Münchner Vereine, den FC Bayern und 1860 München, anfangs nicht auseinanderhalten, denn München war für mich München. Ich verstand nicht, dass es zwei davon gab und genaugenommen ja noch viel mehr. So jubelte ich für beide Teams, daran hat sich bis heute nichts geändert.

Mein Papa hat mein Leben sehr geprägt, und wie immer, wenn ich von ihm erzähle, ist es mir wichtig zu erwähnen, dass er mir, vier Wochen bevor sein persönlicher Schlusspfiff ertönte und er das Spielfeld des Lebens verließ, die Erlaubnis erteilte, dass ich unsere gemeinsame Geschichte erzählen darf.

Papa war ein sehr verletzter Mensch, der auch andere wiederum verletzte. Er ging Zeit meines Lebens nie zur Arbeit und betäubte sich mit Alkohol. Jeden Tag verbrachte er in der Kneipe, oder wie man bei uns sagt: in der Wirtschaft. Deshalb antwortete ich früher auf die Frage, was mein Vater denn arbeite, oft: „Mein Vater ist Wirtschaftsprüfer."

Wenn ich heute über ihn berichte, dann mit einem absolut versöhnten Herzen und mit voller Dankbarkeit. Unsere Geschichte war stets öffentlich. Wir wohnten in einer abbruchreifen Baracke direkt an der Hauptstraße, für niemanden zu übersehen. Der Putz fiel von der Wand, die Dachplatten brachen ein. Schon durch Papas Lebensstil und die Art und Weise, wie wir wohnten, befand ich mich von klein auf im Abseits.

Mein Vater trank öffentlich. Und außerdem war er der Linienrichter unseres kleinen Dorfvereins. Er war zwar bekannt wie ein bunter Hund, aber wie es in seinem Herzen aussah, das wusste wahrscheinlich niemand. Warum er sich in den Alkohol flüchtete und warum er sich betäubte, ich glaube, das wusste keiner außer Jesus, denn nur er sieht bis auf den Grund unseres Herzens.

Papa lernte Jesus vor seinem Tod noch kennen und lieben. „Erzähl ihnen die Wahrheit mein Junge", war seine Bitte. Er musste viele Fouls in seinem Leben einstecken und hat aus diesen Erniedrigungen heraus viele andere um sich herum gefoult.

Oft gingen wir mit der ganzen Familie spazieren, mit dabei auch meine Tante Elfriede und Onkel Heinz; und gar manches Mal liefen wir durch Nördlingen und am Elternhaus von Gerd Müller vorbei. Einige Male schaute seine Mama zum Fenster heraus. Irgendwie war das stets etwas Besonderes. Papa flüsterte dann: „Da, schau! Da ist die Mutter von Gerd Müller."

Gerd Müller hatte es geschafft. Ich dagegen hatte von klein auf diese fürchterlichen drei Sätze gehört:

„Du bist nichts!" – „Du kannst nichts!" – „Aus dir wird nichts!"

Selbst heute, mit 53 Jahren, spüre ich, dass diese Worte mir immer noch etwas zusetzen. Es wird weniger, aber sie haben noch nicht alle Kraft verloren. Ja, Worte haben Macht. Sogar Worte, die wir nie zu hören bekommen, haben gewaltige Auswirkungen. Wie kostbar sind die Worte:

„Ich liebe dich!" – „Ich bin stolz auf dich!" – Oder einfach: „Das hast du gut gemacht!"

Kostbar für jeden Menschen, egal wie alt er ist!

An den Sterbebetten wird um diese Liebe gerungen; da wird bereut, was man Falsches gesagt hat und was vielleicht nie getan oder gesagt wurde.

Ich musste bereits als kleiner Knirps eine Menge Verachtung einstecken. Und auch meine liebe Mama hatte kein einfaches Leben. Aber nun leben wir seit vielen Jahren gemeinsam in einem kleinen Häuschen in völliger Harmonie. Sie ist eine leidenschaftliche Köchin. Gerade, während ich dieses Kapitel eintippe, zaubert sie ein leckeres Essen für uns. Sie investierte so viel Liebe, schier übermenschliche Kraft, um die Familie zusammenzuhalten; dafür bin ich ihr sehr, sehr dankbar – und Gott, dass er mir die beste Mama der Welt geschenkt hat.

Doch ich komme vom Thema ab; zurück also zu Gerd Müller. Er wurde Welt- und Europameister und errang noch so viele andere Titel, und dann kam der große Moment, in dem ich ihn zum ersten Mal persönlich sah. Ein Möbelhaus in Nördlingen bot eine Autogrammstunde mit ihm an. Da stand er nun vor mir: „Kleines dickes Müller", wie er auch liebevoll genannt wurde. Viele Jahre später sollten sich unsere Wege noch einmal kreuzen, ich werde euch darüber berichten.

Was wurde aus dem Ausnahme-Kicker? Auch er fing eines Tages an zu trinken. Auch er flüchtete sich in den Alkohol und betäubte sich. Was blieb von all den Erfolgen, TV-Auftritten und Ehrungen? Am 15. August 2021 ertönte der Schlusspfiff seines Lebens, und ich hoffe so sehr, dass er den größten Triumph mitten im Herzen trug: Jesus selbst. Wenn alle gegangen sind, die Fangesänge verstummt, die Pokale verstaubt oder gar entsorgt, dann wünsche ich uns allen, den im Herzen zu tragen, der unaufhörlich unseren Namen ruft und sich danach sehnt, dass seine unendliche Liebe zu uns erwidert wird. Dieser Erfolg bleibt bis in alle Ewigkeit, denn wer den Ewigen in seinem Herzen trägt, der lebt ewig – mit ihm, in ihm, bei ihm und durch ihn.

2 – Spielbericht

Verträumt sitze ich am Schreibtisch in meinem Büro, welches wir zu Hause haben. Noch vor wenigen Augenblicken betrachtete ich meine Beine. Wir haben gerade Ende August 2023; es ist sehr heiß draußen und ich trage eine kurze Hose. Tausende Male traten diese Beine gegen irgendeinen Ball. Unendlich viele Kilometer jagten sie dem einen oder anderen Ball hinterher. Unzählige Geschichten dribbeln mir durch den Kopf.

Von einigen werde ich euch berichten. Es war so viel Trauriges dabei, aber auch einiges zum Lachen. Kommt, folgt mir ein bisschen in die 70iger.

Wir hatten keine Handys; Spielekonsolen gab es auch nicht. Unsere „Playstation" war unsere örtliche Burgruine, wo wir Cowboy und Indianer spielten (so nannten wir das damals, als es den Ausdruck „political correctness"[1] noch nicht gab). Wir tobten auf den Straßen herum und waren oft bis zum Sonnenuntergang auf unserem Sportplatz. Wir lernten mit Siegen und Niederlagen umzugehen. Bei Streitigkeiten untereinander mischten sich unsere Eltern fast nie ein. Wir klärten das mehr oder weniger untereinander. Wenn es im Sommer oft wochenlang heiß war, so war dies für uns normal, und weder Gluthitze, noch Regen oder Schnee konnten uns aufhalten, unserer Sehnsucht nachzujagen. Wenn wir durstig waren, tranken wir aus den Bächen.

In den Straßen meines kleinen Dorfes war Leben pur. Hier wurde gekickt, dort wurde Federball gespielt und manche jagten einfach durchs Dorf; dort war auch ich der Gejagte.

---

[1] Politische Korrektheit.

Als ich in die Schule kam, hatte ich von Anfang an ein paar Jungs gegen mich, die mir all das erzählten, was ich eh schon wusste. Sie traten fast täglich in die Wunden meines kleinen Herzens:

„Dein Vater ist ein Trinker." – „Dein Vater ist faul." – „Du wohnst in einer Höhle." – „Du hast hässliche Klamotten." – „Du hast kein Fahrrad." – „Du hast kein eigenes Zimmer." Und so weiter ...

Mein kleines Herz drohte schon früh zu zerbrechen. Gott ließ all das zu. Es steht mir nicht zu, Gott anzuklagen, etwa gemäß der oft gehörten Frage: „Warum lässt Gott das Leid zu?" Darin steckt eine Anklage gegen den Allmächtigen. Ich für mich persönlich habe lernen dürfen, dass genau diese Wunden heute meine Stärken sind und die Eintrittskarte für manches tiefe, persönliche Gespräch.

Meine geliebte Oma Elisabetha hatte Jesus auf wunderbare Art und Weise lieb. Ich besuchte sie fast jeden Tag. Es verging kaum ein Besuch ohne gemeinsames Gebet. Durch sie erfuhr ich, dass Gott denen nahe ist, die zerbrochenen Herzens sind. Sie erklärte mir vieles aus der Bibel und erzählte mir aus ihrem Leben. Sie hatte zwei Weltkriege überlebt, den Tod eines Kindes verkraften müssen und vieles Traurige mehr. Als ich 14 Jahre alt war, ging sie für immer nach Hause. Im Sterbeprozess sah sie Jesus. Ihr Gesicht strahlte dabei. Die auf Gott schauen, werden leuchten wie die Sonne. Durch meine wunderbare Oma lernte ich Jesus kennen und lieben und hatte eine Hoffnung, die nicht von dieser Welt war.

Hier nun ein paar Episoden aus meinem Leben, wie versprochen:

Mitten ins Gesicht

Es war an einem Sonntagnachmittag. Meine Eltern beschlossen, eine kleine Wanderung zu unternehmen. Ein paar Meter unterhalb unserer „Villa Kunterbunt" war ein kleiner Bauernhof.

Unterhalb des Hofes lag ein herrenloser Ball. Den schnappte ich mir, ohne zu hinterfragen, wem er wohl gehörte. Fröhlich kickte ich die Kugel vor mir her. Endlich hatte ich einen eigenen Ball. Der sechsjährige „Miggi" – so nannte man mich in glücklichen Zeiten – hatte nun tatsächlich einen eigenen Ball. Es war ein sehr seltsamer Ball, irgendwie aus Gummi und hart. Egal, jetzt war es meiner.

Auf unserer Route kamen wir an einem kleinen Sportplatz vorbei, und gleich probierten wir den seltsamen Ball aus. Ich ging ins Tor. Mama legte sich den Ball zurecht und nahm Anlauf. Gleich würde ich testen können, wie gut sich der Ball fangen ließ. Drei, vier Schritte Anlauf, und dann trat Mama mit der „Picke" – bei uns auch als „Bauernspitze" bekannt – gegen den Ball.

Mama schoss so stark, dass ich meine Hände nicht schnell genug hochbekam und sie mich mitten ins Gesicht traf. Meine Brille, ein fünf Mark teures AOK-Kassengestell, flog zuerst; dann fiel ich wie vom Blitz getroffen zu Boden. Und das Kuriose dabei: Der Ball trudelte ins Tor.

Dies war mein erstes negatives Erlebnis beim Fußball, mit der Erkenntnis, was für einen harten Schuss meine Mama hatte. Noch heute, fast 50 Jahre später, kicken wir ab und zu gemeinsam in unserem Garten. Allerdings ist Mama dann im Tor.

Dieser Ball von damals war irgendwie etwas ganz Besonderes für mich. Auch wenn er nicht rechtmäßig von mir erworben wurde, bedeutete dieser seltsame Gummiball mir unbeschreiblich viel. Gäbe es ihn heute noch, hätte er mehr Wert für mich, als der Spielball des Endspiels von 1954. „Mein" Ball erinnert mich an einen besonderen Nachmittag meiner Kindheit, unbezahlbar, ein Stück Unbeschwertheit, auch wenn mich an diesem Tage der Ball und die Schwerkraft zu Boden rissen; aber eben deshalb unvergesslich und wertvoll, weil Mama und ich heute noch darüber lachen.

Miteinander zu lachen ist ein Stück vom Himmel!

Zweikampf

Als Papa und ich uns Ende 2007 versöhnten und Jesus uns noch fast drei gemeinsame wunderbare Jahre schenkte, da begannen meine Wunden Stück für Stück zu heilen (in diesem Heilungsprozess bin ich noch immer). Ich fing an, mich auch mehr und mehr an die schönen Dinge meiner Kindheit zu erinnern. Wo zuvor der Schmerz und die Dunkelheit mein Leben bestimmt hatten, kam nun immer mehr Licht ins Dunkle. Selbst wenn heute noch schlimme Kindheitserinnerungen meinen Kopf beschäftigen, macht sich aber keine Anklage und keine Wut mehr in mir breit. Ich bin und bleibe versöhnt.

Als nun langsam auch die positiven Seiten meiner Kindheit wieder auftauchten, erinnerte ich mich zum Beispiel daran, wie ich mit Papa die Kämpfe von Muhammad Ali bewunderte, oder wie ich auf Papas Bauch liegen durfte. Wenn er betrunken aus der Kneipe kam und gut drauf war, dann hielt er manchmal ein Geldstück in seiner Hand. Er schloss die Faust und versprach mir: „Wenn du die Faust aufbekommst, dann gehört das Geld dir." Die Faust blieb für mich immer verschlossen. Er war zu stark für mich. Minutenlang kämpfte ich mit meinen kleinen Händen, um mir das Preisgeld zu holen, vergeblich.

Irgendwie kämpften wir in den ersten 37 Jahren meines Lebens stets miteinander. Wenn wir gemeinsam ein Spiel der Bayern anschauten, war er immer für die Mannschaft, die gegen meinen Lieblingsverein spielte. Spielte Bayern gegen Stuttgart, outete er sich als Stuttgart-Fan, ging es am nächsten Samstag gegen Hamburg, war er an diesem Tag Fan des Hamburger SV und betonte, dass er schon immer HSV-Fan gewesen sei. Und so ging es Samstag für Samstag. Papa hatte 17 Lieblingsvereine, nur die Bayern nicht. Manchmal dachte ich mir, dass es ihm einfach nur darum ging, gegen mich zu sein. So zofften wir uns, seit ich denken kann, um irgendetwas, waren nie einer Meinung, nur stets gegeneinander.

Irgendwann hatte ich einen kleinen Plastik- oder Gummiball zu Hause (nicht der, mit dem Mama mich zu Boden gestreckt hatte). Es war kaum Luft in ihm, aber irgendwie ergab es sich, dass Papa und ich im Flur Fußball spielten. Vielleicht habt ihr bemerkt, dass ich gelegentlich zwischen den Bezeichnungen Papa und Vater wechsle. Rückblickend war er manchmal ein verspielter Papa und manchmal ein strenger Vater, aber sehr oft sah ich weder das eine noch das andere in ihm; da war er lediglich ein Erzeuger für mich. Das ging so, bis ich 37 Jahr alt war. Wie dankbar bin ich, dass Gott mein versteinertes Herz auswechselte und ein weiches einwechselte, um in der Fußballsprache zu bleiben.

Manchmal, wenn Mama nicht zu Hause war, wurde also der Flur zu unserem Spielfeld. Die Haustür war das eine Tor und der Zugang zu einem weiteren Flur das andere. Es war weniger ein Spiel als vielmehr ein Zweikampf zwischen uns. Ich muss so sieben Jahre gewesen sein. Es blieb nicht nur bei den Toren, nein, wir schossen zugleich die Tapeten von den Wänden. Damals wurden meistens mehrere Tapetenschichten übereinander tapeziert. Da flogen die Fetzen. Das machte Spaß. Mama war das nicht so recht, und Papa und ich versuchten den Schlamassel stets irgendwie zu vertuschen, was uns selten – oder nie – gelang.

Einmal eskalierte unser Spiel. Wir bekamen Streit, einen von der heftigeren Sorte, und mein Vater trat immer und immer wieder auf mich ein, auch noch, als ich schon am Boden lag. Ich fühlte mich wertloser als der kleine luftarme Ball, nach dem wir so oft getreten hatten.

Soweit ich mich erinnern kann, spielten wir von diesem Tag an nie wieder im Flur. Zu schmerzhaft musste ich an das denken, was gewesen war.

Viele Jahre später massierte ich die Füße, die mich einst dort im Flur getreten hatten … – Vergebung, die vom Himmel kommt.

Wartezeit

Oft war ich in unserer kleinen Kirche unten im Dorf. Hier fand ich ein Stück Frieden, den ich außerhalb der Kirche nicht erlebte. In diesem Gotteshaus stand – und steht heute noch – eine Holzfigur: der gegeißelte Jesus in Lebensgröße. Dort fasste ich als kleiner Bub seine Hand.

Ihm konnte ich alles sagen. Ich hatte das Gefühl, ja sogar die Gewissheit, dass keiner mich besser versteht als er. Jagten sie mich durchs Dorf, er wusste Bescheid, auch ihn hatten sie gejagt. Schlugen sie mich und traten nach mir, auch da kannte er sich aus. Und selbst als man mir ins Gesicht spuckte, konnte er mitfühlen, weil sie auch ihm ins Gesicht gespuckt hatten.

Einige meiner Mitchristen mögen der Ansicht sein, dass es theologisch falsch ist, mit der Figur „Händchen zu halten". Ich kenne mich ehrlich gesagt mit Theologie kaum aus, ich habe nur Jesus lieb. Aus der fußballerischen Perspektive gesehen, stelle ich für mich fest, dass es eine Art Bundesliga-Christen gibt, die oberste Liga also; und dann gibt es die unterste Liga, bei uns ist dies die Kreisklasse B. Bezogen auf diese Klassifizierung bin ich ein Kreisliga-B-Christ. In der Kreisliga B kannst du jedes Spiel verlieren, aber du kannst nicht mehr absteigen. So sehe ich mich. Ich habe nicht viel aufzuweisen, kaum Tore, keine Titel, allerdings eine Menge Tiefpunkte. Aber weil ich Jesus sehr liebhabe, kann ich nicht mehr absteigen ☺ – selbst wenn es „theologisch falsch" gewesen wäre, in meiner kindlichen Verzweiflung die Jesusfigur an der Hand zu fassen.

Nochmal kurz und knapp gesagt: Ich, Michael Stahl, bin ein Kreisliga-B-Christ und weiß mich geliebt, egal ob ich Tore, Titel oder eine Menge Tiefpunkte aufzuweisen habe.

Außerhalb meiner kleinen, geliebten Kirche gibt es einen großen Parkplatz. Hier spielten „die Großen" mit einem echten Lederfußball. Staunend bewunderte ich sie, wie sie miteinander und gegeneinander spielten. Nur mitspielen durfte ich vorerst nicht.

Verträumt schaue ich gerade zum Fenster hinaus und bin so dankbar, dieses Buch schreiben und in Erinnerungen eintauchen zu dürfen. Ich sehe vor meinen inneren Augen die Leichtfüßigkeit von Thomas und Uli; auch Rudi, den knochenharten Typen, und all die anderen, wie sie über den Asphalt rennen: Holger, Christian, Joachim, Uwe, Alexander – und was war mit mir? Ich übte mich in Geduld. Manche Eltern würden heute ihren Kindern abraten zu warten, mich hat es geprägt.

Der ersehnte Tag kam, als ein Großer mich fragte: „Willst du mitspielen?" Oh ja, ich wollte schon seit Monaten mitspielen! Meine Sehnsucht wurde gestillt, mein Warten belohnt. Ich bin so froh, dass ich nicht vorzeitig die Flucht ergriffen habe und eine wichtige Lektion lernen durfte, durch die ich in Geduld und Beharrlichkeit geschult wurde, was auch heute noch oft belohnt wird. Wenn ich heute an diesem Parkplatz bin, denke ich an die Zeit von damals, wie wir so lange kickten, bis wir in der Dämmerung nichts mehr sehen konnten.

Ach ja, und in die kleine, von mir geliebte Kirche, gehe ich sogar heute noch, um die Hand von Jesus zu berühren – ich kann nicht anders. Tränen füllen meine Augen beim Schreiben dieser Zeilen. Jesus kennt und versteht mich; er sieht bis auf den Grund meines Herzens und warum ich manches tue und manches nicht. Er sieht alles, auch die Liebe für ihn, die in dieser Geste liegt. Es ist vielleicht nicht viel, aber alles, was ich habe. Es ist die Liebe von „Miggi" (so nannte mein Papa mich in Stunden der Harmonie), der weder besondere Tore erzielte noch Titel aufweisen kann, aber umso mehr Tiefpunkte, für die jedoch Jesus selbst einst bezahlt hat. Es ist die Liebe eines Kreisliga-B-Christen, der aber eine Weltklasse-Nachricht zu erzählen hat: Das Evangelium, welches von der Gnade und Liebe Gottes berichtet.

3 – Der Pokal

Papa kam wieder einmal sehr spät aus der Kneipe. Oft war diese Heimkehr mit großem Chaos verbunden. Doch in dieser Nacht war alles anders: Er kam zwar betrunken, aber mit einer tollen Botschaft nach Hause. Im Vereinsheim war er mit dem neuen Trainer einer Jugendmannschaft unseres Dorfes ins Gespräch gekommen. Beide hatten vereinbart, dass ich am nächsten Training teilnehmen durfte.

Ich war überglücklich. Endlich durfte ich ganz offiziell Fußball spielen, nicht nur auf den Straßen oder auf irgendwelchen Plätzen, sondern in einem echten Fußballverein. Ein Traum ging in Erfüllung. Ich war hochmotiviert und mächtig aufgeregt. So begann 1979 meine „Fußballerkarriere". Mein erstes Training fand in der kleinen Turnhalle unserer Grundschule statt. Unser Verein war noch nicht offiziell in einer Klasse gemeldet, es standen aber zumindest schonmal Freundschaftsspiele an.

Wann würde wohl mein erster Einsatz sein? Wer spielen durfte oder nicht, das entschied unser Trainer immer erst einen Tag vorher. Die Spielaufstellung gab er dann im örtlichen Vereinskasten bekannt, den wir liebevoll „Käschtle" nannten. Wann würde wohl endlich mein Name im Käschtle stehen?

So oft wurde ich in meinem kleinen Leben beleidigt und beschämt. Ob mein Name auf der Mannschaftsaufstellung stand oder nicht, bestimmte die Laune meines Vaters für die nächsten Tage. Stand mein Name nicht drin, bestrafte er mich mit wüsten Beschimpfungen, weil ich aus seiner Sicht wieder nichts zustande gebracht hatte. Weil mein Training und mein Verhalten anscheinend wieder so mies gewesen waren, dass ich es dem Trainer nicht wert war, spielen zu dürfen, so glaubte mein Vater.

Ich musste etwa einen Kilometer bis zum Käschtle laufen. Diese Strecke verbrachte ich oft mit Bangen und Gebet. Noch wenige Meter bis zum Käschtle. Stand heute mein Name auf dem weißen Zettel? Jedes Mal diese bange Frage. Bei den ersten Spielen stand mein Name nie darauf. So war auch der Rückweg nach Hause mit Angst und Gebeten versehen. Oft wurde ich als Versager beschimpft, der zu nichts taugt, den niemand brauchen kann und den niemand haben will. Aber Jesus ging mit mir diesen Weg. Er nahm meine Angst auf sich und weinte wohl auch mit mir.

Dann kam er, der große Tag. Mein Name stand als Nummer 12 im Käschtle. Ich hatte es geschafft. Zunächst war ich zwar nur Auswechselspieler, aber das spielte jetzt erst mal keine große Rolle. Mein Name stand im Käschtle, und nur das zählte. Freudestrahlend rannte ich nach Hause. Papa freute sich mit mir. Jetzt hatte ich ein Stück Anerkennung von ihm gewonnen. Ein bisschen Frieden war mir sicher. – Nun muss ich spontan an die Sängerin Nicole denken, die mit ihrem Lied „Ein bisschen Frieden" 1982 den Grand Prix gewonnen hat. Wie sehr sehnte ich mich nach ein bisschen Frieden …

Unsere ersten Spiele verloren wir oft zweistellig. Aber egal, wir gaben unser Bestes. Als Trainer für Selbstverteidigung erlebe ich heute immer öfter, dass Klein und Groß nur noch sehr schwer oder gar nicht mehr verlieren können. Vielleicht denken sie, dass es sie wertvoll macht, wenn sie gewinnen. Der Umkehrschluss wäre aber dann, dass sie bei jeder Niederlage an Wert verlieren. Egal, ob wir gewinnen oder verlieren, wir sind wertvoll. Du bist wertvoll!

Gib dein Bestes, mehr geht nicht. Du darfst verlieren, das ist völlig in Ordnung. Auch in der Schule oder am Arbeitsplatz, gib dein Bestes, mehr geht ja nicht.

Langsam wurde ich zum Stammspieler. Woche für Woche freute ich mich. Wir hatten sogar einen Mannschaftsbus, einen blauen 9-Sitzer Ford Transit. Zu Rekordzeiten fuhren 17 Mann mit diesem Bus. Großartige Sicherheitsbestimmungen kannten wir nicht. Ich denke, selbst bei einer Vollbremsung wäre nicht viel passiert, da wir wie die Sardinen in den Bus gepresst waren. Näherte sich ein Polizeiauto, dann rief der Fahrer: „Ducken!" Selbst dies war nicht so einfach bei so vielen Leuten. Wir wurden jedoch nie mit dem vollbeladenen Bus erwischt. Ich weiß natürlich, dass dies fahrlässig war und empfehle es auch nicht zur Nachahmung. Aber es war eine andere Zeit, damals. Vielleicht verstehst du mich ja ein wenig. Ich liebte die Fahrten mit unserer Mannschaft in unserem wunderbaren blauen Bus. Jede Fahrt war ein kleines Abenteuer; ich möchte keine je missen.

Ach, bevor ich es noch vergesse: Eine Brauerei sponserte allen Jungs eine Sporttasche. Wie stolz waren wir mit unseren roten Umhängetaschen und der gelben Aufschrift mit dem Firmennamen der Brauerei. Es hatte schon etwas Ironisches, dass wir in einem überfüllten Bus fuhren, in dem oft mein abgefüllter Vater mitfuhr und wir alle Sporttaschen einer Brauerei mit uns herumschleppten …

Unsere ersten Spiele verloren wir haushoch. Dann kam der große Tag. Wir spielten gegen Waldhausen – einen für uns übermächtigen Gegner. Doch wir schafften das Unfassbare: Wir gewannen 3:1. Unser Kapitän schoss alle drei Tore. Als der Schlusspfiff ertönte, rannte unser Trainer zu jedem Einzelnen der Mannschaft und schrie über das ganze Spielfeld hinweg: „Ihr könnt es doch!"

Der Knoten war geplatzt. 1985 wurden wir sogar Meister. Bei einer Feier wurde ich zum besten Spieler der Saison gewählt und ein Pokal wurde mir überreicht. Er steht jetzt etwa 80 cm von meinem Laptop entfernt. Ich wurde geehrt. Nicht verletzt, beschämt, ausgelacht, getreten oder geschlagen. Nein, diesmal wurde ich geehrt. (In der Bibel fordert uns Gott auf, jeden Menschen zu ehren.) 38 Jahre später freue ich mich noch immer über diese Ehre, über diesen Pokal.

Von den Spielern, die auf unserem Mannschaftsfoto von 1979 zu sehen sind, sind zwei schon verstorben. Jürgen und „Manni" sind nicht mehr unter uns. Als Jürgen plötzlich verstarb, erinnerte ich mich daran, dass er mein Vorbild im Verein gewesen war. Er war immer fair zu mir gewesen. Außerdem war er ein super Fußballer. Als ich auf der Beerdigung war, fragte ich mich selbst, warum ich ihm nie gesagt hatte, dass er mein Vorbild war. Warum nicht? Ach ja, bei uns in Baden-Württemberg gilt ja: „Ned gschompfa isch globt gnuag."[1] Das sollte bedeuten, dass, wenn es nichts zu meckern gibt, es ja eigentlich schon ein Lob ist. Was für eine seltsame Logik und traurige Tradition.

Wenn man älter wird, kommt man zwangsläufig auf mehr und mehr Beerdigungen. Ich stellte fest, dass dort reichlich gelobt wird. Es ist also doch wichtig, das ausgesprochene Lob – leider oft erst, wenn es zu spät ist. Eine traurige Feststellung: Es gibt ein Zuspät. Dazu fällt mir ein altes Gedicht ein:

Am Grabe streuen Menschen Blumen,
warum denn nur im Leben nicht?
Warum so wenig Liebe üben
und warten bis das Herze bricht?
Den Toten freuen keine Blumen,
er fühlt im Grabe keinen Schmerz.
Würde man im Leben Liebe üben,
schlüge länger manches Herz.
(Verfasser unbekannt)

Es ist so kostbar, zu ehren, solange es möglich ist. Zu ermutigen, aufzubauen, bevor es zu spät ist.

Ja, das möchte ich mit Gottes Hilfe tun: ermutigen und nicht entmutigen; ent-schämen und nicht be-schämen, wie es mein Freund Andi Weiss so liebevoll sagt.

Eines Tages erfuhr ich, dass mein erster Mannschaftskapitän sehr schwer erkrankt sei. Manni rang mit dem Tode. Wie ich damals hörte, hatte er nur noch kurze Zeit, der erste Torschützenkönig unseres Teams.

---

[1] Nicht geschimpft ist gelobt genug.

Wie könnte ich ihn am besten ehren? Was könnte ich ihm sagen? Wie könnte ich ihm am besten meine Wertschätzung vermitteln? Da dachte ich an den Pokal, den ich selbst einmal bekommen hatte und zu dem ich jetzt in diesem Augenblick hinschaue. Gerade wird er von der Sonne angestrahlt. Ein Leuchten geht deshalb von ihm aus. Vielleicht ist es so mit uns, dass, wenn Gottes Herrlichkeit uns anstrahlt, wir in der Dunkelheit leuchten können. Durch Gottes Licht werden wir zum Licht in dieser Welt.

Aus einem Impuls heraus rief ich beim Juwelier an. Ich bat ihn, einen Pokal mit folgender Gravur anzufertigen:

„Manni"
Torschützenkönig 1979/1980

Ich bat ihn, diesen Pokal so schnell wie möglich fertigzumachen. Er musste fertig werden, bevor es zu spät wäre, denn es gibt auch ein Zuspät.

So kam der Augenblick, an dem ich mit dem Pokal zu Manni ging. Er konnte kaum sprechen. Ich werde nie das Leuchten in seinen Augen vergessen, seine Freude über diese Ehre, über diesen Pokal.

Ich konnte Manni noch ein paarmal besuchen, ehe er dann zu dem ging, der ihn in alle Ewigkeit ehren wird.

Wenn wir uns hier auf Erden ehren, ist dies schon ein Stück vom Himmel. Deshalb ehren wir in unseren Projekten immer und immer wieder Menschen mit kleinen Pokalen oder Medaillen, auf denen steht: „Du bist wertvoll". Jedes Mal, wenn jemand einen Pokal oder eine Medaille bekommt, schaue ich in die Gesichter der Menschen. Oft huscht ein Lächeln darüber. Aus manchen bricht pure Freude heraus. Nicht selten wird aus Freude sogar geweint.

Wen könntest du heute noch ehren? Wem könntest du heute noch ein Lächeln ins Gesicht zaubern? Wem könntest du heute noch persönlich, per Anruf oder auch mittels einer Nachricht sagen: „Du bist wertvoll"?

Das Schöne am Ehren ist, dass man sich selbst dabei beschenkt. Ich wünsche dir und mir, dass wir nie müde werden, Freude zu schenken und uns damit sogar selbst reichlich zu beschenken.

4 – Der Mann mit der Fahne

Als ich 1979 in meiner Heimat offiziell anfing, in einem Verein zu spielen, wurde ein neues Kapitel in meinem Leben aufgeschlagen. Mein Vater war bereits seit vielen Jahren der Linienrichter unseres kleinen Dorfvereins. Er schrie, provozierte, beleidigte und vieles andere mehr. Ich schämte mich so sehr für ihn! Ich weiß gerade gar nicht so recht, mit was ich dieses Kapitel beginnen soll. Tausend Geschichten kommen mir kreuz und quer in den Sinn. Gehen wir es einfach an:

Als Linienrichter bekommt man ja eine Fahne, und da mein Vater nicht selten betrunken war, hatte der Mann mit der Fahne meist eine Fahne. (Wenn Papa jetzt mit mir am PC sitzen würde, hätte er ein lausbubenhaftes Lächeln im Gesicht. Nach unserer Versöhnung konnten wir wirklich über alles sprechen, selbst über Dinge, die früher tabu gewesen waren oder über die wir uns gestritten hatten, und jetzt sogar darüber lachen.)

Der Mann mit der Fahne hatte also eine Fahne und setzte diese sogar als Schlagwaffe ein. An einem Sonntagnachmittag, er war wieder als Linienrichter im Einsatz, standen zwei Zuschauer direkt an der Außenlinie, und mein Vater forderte sie in genervtem Ton auf, sich hinter die Absperrung zu begeben, wo alle anderen Zuschauer sich auch befanden. „Bitte hinter die Stangen", schrie er ihnen eindringlich entgegen.

Nach wenigen Minuten führte ihn das Spielgeschehen erneut zu den beiden Rebellen und sichtlich verärgert schrie mein Vater: „Wenn ich noch einmal hier vorbeikomme und ihr seid dann immer noch nicht hinter den Stangen, dann gibts die Fahne aufs Hirn!" Von Weitem verfolgte ich diese angespannte Szene und wusste, wenn nicht irgendein Wunder geschieht, dann würde der Mann mit der Fahne sie auch einsetzen und die Fetzen fliegen lassen.

Es kam, wie es kommen musste. Wenn mein Vater etwas androhte, dann konnte man sich zumindest in dieser Hinsicht auf ihn verlassen. Als er wieder in Richtung der Männer kam, waren diese immer noch nicht der Anweisung gefolgt und Vater schlug ohne weitere Vorwarnung zu. Die Situation eskalierte sofort und eine wilde Schlägerei begann, an der sich immer mehr Leute beteiligten. Ich schämte mich so sehr für ihn, zugleich sorgte ich mich allerdings um ihn, denn ich liebte ihn ja auch, trotz Fahne.

Oft traf er Entscheidungen zugunsten unseres Vereins, was bei den Gegnern und dessen Zuschauern nicht gut ankam, und so waren Papa und seine Entscheidungen häufig die Ursache für diverse Auseinandersetzungen. Er liebte halt seinen Verein, was ihn zu Ungerechtigkeit verleitete, und ich schämte mich wieder einmal mehr für ihn.

Eines Tages gab es ein großes Fest auf unserem Sportplatz, mit Festzelt und Torwandschießen. Auch diesen leicht verregneten Tag werde ich nie vergessen! Es gibt allerdings Tage, die würde man gerne ausradieren oder nochmals neu angehen, und dieser gehört dazu.

Papa war an diesem Tag stockbesoffen und konnte sich kaum noch auf den Beinen halten. Ich tat alles, um ihm so gut wie möglich aus dem Weg zu gehen. Aber was heißt schon „gut" an dieser Stelle? Ich war ein Profi darin, mich zu verstellen, zu flüchten, meinen Schmerz zu unterdrücken und meinem Vater aus dem Weg zu gehen. Doch dann kam der Moment, in dem ich nicht mehr flüchten konnte.

Ich stand mit zwei Jungs aus meiner Klasse an der Torwand. Plötzlich kam Papa ums Eck und torkelte in Richtung Torwand. Mit Müh und Not kramte er das erforderliche Kleingeld zusammen, um dem Kassierer die Startgebühr zu geben. Die zwei Jungs aus meiner Klasse kannten Papa nicht und machten sich über ihn lustig. Ich muss damals so 11 Jahre alt gewesen sein. Ich versank vor Scham in den Boden. Mein Herz schrie nach Gott. Warum blieben mir solche Momente nicht erspart?

Als mein Vater fast die Hose verloren hätte und beinahe im Dreck gelandet wäre, übertrafen sich die beiden gegenseitig vor Lachen und fragten mich, wer das denn sei? Ich schämte mich für meine Antwort, mein Herz schrie und weinte und mein Mund sagte flüsternd, fast nicht hörbar: „Ich weiß es nicht, ich kenne diesen Mann nicht …" Ich hatte tatsächlich meinen Papa verleugnet, und dies nicht nur einmal. Ich kann es nicht mehr rückgängig machen. Es ist ein Teil meines Lebens. Auch für dies hat Jesus am Kreuz auf Golgatha bezahlt. Am Ende seines Leidens flüsterte Jesus „Es ist vollbracht" vom Kreuz herunter. Ja, es ist vollbracht, die Strafe ist vollständig bezahlt – für alle Schuld dieser Welt, für alle vorenthaltene Liebe und sogar für das Verleugnen meines Papas.

Vielen im Ort waren die Umstände meines Lebens bekannt. Es gibt ja einen Spruch, dass Kinder, Betrunkene und Narren die Wahrheit sagen. So kam es eines Tages zu folgender Begebenheit auf dem Sportplatz. Es war nach einem Fußballspiel; irgendetwas war wieder vorgefallen und mein Vater wohl unangenehm aufgefallen. Er war damals so um die Vierzig, ein anerkanntes Mitglied in unserem Verein. Er kam stockbesoffen auf mich zu. Die Tränen liefen an ihm herab; er schaute mich an und sagte vor sämtlichen Leuten, die dabeistanden: „Du tust mir so leid!" Alle starrten auf den Mann und auf mich. Es schien, als würde die Welt um mich herum stillstehen. Ich schämte mich zutiefst und fing an zu rennen. Einfach nur weg von dem Betrunkenen. Ich hatte Angst, er würde noch weitersprechen. Mir tat sein Mitleid für mich und die Tatsache, dass sämtliche Erwachsenen dabeistanden, so weh. Ich rannte und rannte, einfach nur weg. Jeder Ort war mir in diesem Moment lieber, als vor einem Pulk von Menschen gedemütigt und bemitleidet zu werden. (Oft rannte ich in die Kirche oder zu Oma oder einfach nur an einen Ort, wo ich ganz alleine war und mir niemand mehr wehtun konnte.)

Auch die Jahre danach ging ich diesem Mann aus dem Weg, wie so vielen Menschen. Jahre später kamen wir öfters ins Gespräch, aber immer hatte ich Sorge, dass er mich direkt auf mein Elend ansprechen würde. Ich habe mich damals nie mit ihm ausgesprochen, erst wenige Jahre bevor er nach kurzer schwerer Krankheit starb.

So oft musste ich wegen des Verhaltens meines Vaters Erniedrigungen einstecken. Wir waren so arm, dass er mich immer und immer wieder zum Betteln mitnahm. Einmal wollte er mich während der Sommerferien an einen Bauern als Arbeitskraft „verkaufen". In der Schule wurde ich oft zutiefst gedemütigt. Stets musste ich Sorge habe, dass mein Vater irgendwo besoffen um die Ecke kommen und mich blamieren würde. Selbst auf meinem geliebten Sportplatz, wo ich so gerne jedem Ball hinterherlief, fand ich keinen wahren Frieden.

Ein bisschen Frieden fand ich bei Onkel Heinz. Er selbst mochte keinen Fußball, aber er lehrte mich die Kunst der Selbstverteidigung, welche ich selbst bis jetzt an Hunderttausende weitergeben durfte. Aber ganz ehrlich, ich spiele lieber Fußball. Ständig geht es in meinen Kursen um Mobbing und Gewalt; irgendwie bin ich dieser Themen müde, aber ich stelle mich ihnen und bin gerne für die Menschen da. Noch lieber würde ich allerdings den ganzen Tag irgendwo gegen ein Garagentor kicken oder woanders übers Spielfeld hecheln; frei und unbeschwert einem blöden Ball hinterherjagen, ohne sich über das Elend der Welt Gedanken machen zu müssen.

Frei und unbeschwert konnte ich als Kind jedoch kaum kicken. Mein Vater war nur zufrieden, wenn ich ein oder mehrere Tore geschossen hatte. Während des Spiels war ich oft mehr darauf konzertiert, was mir die Mimik meines Vaters verriet oder was er schrie, als auf die Mannschaft. Schoss ich ein Tor, dann lief er nicht selten zu sämtlichen Zuschauern und rief ihnen schon von weitem zu: „Das ist mein Sohn!" Und wenn ich schlecht spielte und kein Tor erzielte, errötete sein Gesicht voller Zorn. Und nicht nur ich hörte Sätze wie: „Warte nur, bis du heute nach Hause kommst ..." oder: „Dies ist nicht mein

Sohn!" Auch jeder Spieler und Zuschauer hörte mit. Am schlimmsten trafen die Worte jedoch mein kleines, sowieso schon verletztes Herz.

So wurde ich ein eigensinniger Spieler, der versuchte, lieber selbst das Tor zu schießen, als mit Mannschaftsgeist zu spielen, nicht um unbedingt Ruhm zu ernten, nein, in erster Linie bedeutete dies „ein bisschen Frieden" für mich. Jedoch nach einer Niederlage oder einem schlechten Spiel von mir, wenn mein Vater und ich den Kilometer zu unserer alten Hütte liefen, musste ich unzählige Beleidigungen über mich ergehen lassen. Meistens lief mein Vater hinter mir, manchmal schubste er mich und trat mich von hinten. Vielleicht ist dies einer der Gründe, warum ich mich selbst heute noch gerne so platziere, dass ich den Rücken frei habe und niemand hinter mir ist.

Nachdem Papa und ich uns später versöhnt hatten, lebten wir unser Leben in gegenseitiger Offenheit. Wir lachten, weinten und beteten zusammen. Ja wir gingen gemeinsam auf unseren Sportplatz, der einen großen Stellenwert in unserem Leben einnahm. Papa ist hier an der Seitenlinie als Linienrichter wohl die Strecke von der Erde bis zum Mond und wieder zurück gelaufen. So begleitete ich ihn auch zum letzten Spiel, bei dem er an der Seitenlinie seinen Dienst versah. Ich schaute dem Spiel und meinem Papa zu. Voll kindlicher Liebe verfolgte ich seinen eifrigen Dienst. Vom Tag unserer Versöhnung an hatte er nie wieder Stress mit irgendjemandem. Die Liebe liebte das Schöne aus ihm heraus.

Die Zuschauer der gegnerischen Mannschaft belächelten Papa. Einer von ihnen kam auf mich zu. Er wusste nicht, dass der Mann an der Seite mein geliebter Papa war und flüsterte mir mit hämischen Worten und einem verletzenden Grinsen zu: „Schauen Sie sich diesen Typen an der Seitenlinie an, was sagen Sie zu so einem?" Er hat wohl jede Antwort erwartet, aber nicht diese: „Den kenne ich ganz gut, das ist mein Papa", gab ich ihm freundlich, mit sicherer Stimme und einem Lächeln zur Antwort. Sein Grinsen gefror ihm im Gesicht und sein Blick versank im Boden. Früher wäre ich weglaufen. Nein, nie mehr! Der Mann war in diesem Augenblick von seiner eigenen Bosheit erschrocken. Ich fühlte seine Scham. „Steh gerade!", hatte Onkel Heinz doch immer gesagt. „Halte den Blick und erhebe deine Stimme!" Das hatte ich in diesem Moment getan.

Ja, der Mann an der Seitenlinie war mein Papa. Ich vermisse ihn unendlich. Wie gerne würde ich noch einmal mit ihm auf den Sportplatz gehen und ihm zusehen, wie er mit seiner Fahne – der in seiner Hand – den Sportplatz bei Eiseskälte und Affenhitze rauf und runter rennt und sein Bestes gibt. (Beim Stichwort „Fahne" hätten Papa und ich jetzt gemeinsam wieder um die Wette gelacht.) Sein Dienst als Linienrichter war ein Stück seines Lebens. Hier bekam er Identität, Wertschätzung und Aufmerksamkeit, aber auch nicht selten Hohn und Spott von manchen Zuschauern. Doch dies war es ihm wert, um treu für seinen Verein, den „FC Schlossberg", seinen Dienst zu tun. So wie er war, war der Mann an der Seitenlinie zugleich der beste Papa, der er sein konnte. Ich liebe und vermisse ihn, den Mann mit der Fahne, so oder so! Auch er kam durch Gottes Liebe noch vom Abseits ins Leben.

5 – Schöne Erlebnisse

Das Fußball-Sammelalbum

Jeden Samstagabend schauten wir die ARD-Sportschau, manchmal in unserem kleinen Wohnzimmer und ab und zu auch im Vereinsheim nach einem Heimspiel. Dort auf dem Bildschirm rannten, grätschten und köpften die Stars meiner Kindheit. Wir Jungs hatten fast alle ein Panini-Fußball-Album, tauschten miteinander die Fotos und wetteiferten, wer wohl als Erster sein Album voll haben würde.

Als kleiner Junge begann ich zu klauen. Ich stahl nicht nur in den nahen kleinen Läden, sondern habe auch Mama und Oma einmal bestohlen. Sämtliche noch lebende Ladenbesitzer von einst bat ich später um Vergebung, und auch Mama habe ich meine Schuld gebeichtet. Diese Wege zu gehen und um Vergebung zu bitten, war nicht leicht, ist es auch heute noch nicht, doch Gott fordert uns auf, unsere Dinge in Ordnung zu bringen.

Einige andere Jungs und ich klauten Pfandflaschen, Schulzeug, Süßigkeiten und eben auch Kleingeld, letzteres unter anderem zur Finanzierung und Förderung des Panini-Fußball-Albums.

Die Autogrammstunde

Es war das Jahr, in dem ich zu kicken anfing, 1979. Im selben Jahr bot eine Bank in Nördlingen eine Autogrammstunde mit drei Spielern von 1860 München an. Ich war gerade mal neun

Jahre alt und hatte nun die Chance drei Spielern persönlich zu begegnen, die in München Fußball spielten. Welches München, das war immer noch fast egal; es waren doch Spieler, die ich von der Sportschau her kannte. Papa und ich fuhren an dem großen Tag mit dem Bus nach Nördlingen; wir hatten ja kein Auto und er auch keinen Führerschein.

Dichtes Gedränge herrschte vor und in der Bank. Die Spieler ließen etwas auf sich warten, aber dann war es so weit. Da kamen sie, die Kicker, die ich bisher nur in der ARD-Sportschau gesehen hatte: Heinz Flohe, Jupp Kapellmann und Franz Gerber! Sie saßen nebeneinander und kämpften sich durch die Flut von Autogrammwünschen hindurch. Ich war dabei, und jedes Mal, wenn ich die Spieler irgendwo im Fernseher sah, ließ ich es die anderen wissen, dass ich sie gesehen hatte, damals, 1979 in der Bank in Nördlingen, in der Heimatstadt des „Bombers der Nation".

„Auge"

1982 kündigte sich die nächste Autogrammstunde an. Wieder ein Spieler von München. Ich unterschied als kleiner Junge immer in „richtige und nicht so richtige" Münchner. Der FC Bayern München, das waren „die richtigen", und 1860 die „nicht ganz so richtigen" Münchner, aber dennoch Münchner. (Bitte jetzt nicht verärgert sein, falls ihr Anhänger von 1860 München seid. Ich schmunzle gerade selbst über meine damaligen kindlichen Gedankengänge).

Jedenfalls kam der „Megastar" Klaus Augenthaler in meine Heimatstadt. Ein großes Möbelhaus hatte ihn eingeladen.

Ich war schon um einiges früher da, um nichts und niemanden zu verpassen, um „Auge", wie man Klaus Augenthaler nannte, ganz nah zu erleben. Irgendwie hatte ich an diesem Tag keine Sorgen. Die Vorfreude, eines meiner Idole zu sehen, war riesig. Als ganz kleiner Zwerg hatte ich manchmal gedacht, dass es diese Fußballspieler nur in der Sportschau gäbe und sie gar nicht „echt" seien. Ich war damals vielleicht so sechs Jahre gewesen, aber als „Auge" kam, war ich ja schon „groß, sehr groß", nämlich zwölf. An diesem Tag ließen sich die Quälereien in der Schule viel besser ertragen. Vielleicht lässt sich durch Glaube, Hoffnung und Liebe – durch ein Ziel – vieles im Hier und Jetzt besser ertragen. Aber was ist, wenn „Auge" wieder gegangen ist? Wenn ich wieder nach Hause muss und morgen wieder das Klassenzimmer betrete? So weit dachte ich damals auf dem Parkplatz des Möbelhauses nicht. Ich hielt Ausschau nach einem großen Auto mit Münchner Kennzeichen.

Schließlich kam es, ein großes dunkles Auto, das musste er doch sein, oder nicht? Es hatte kein „M" für München auf dem Kennzeichen, und doch verfolgte ich das Auto mit dem Blick. Drei Buchstaben standen vor dem Bindestrich: EBE. Nein, das konnte er doch nicht sein, aus „EBE" kam er bestimmt nicht. – Falsch kombiniert.

Das Auto parkte ganz normal wie alle anderen auf dem Parkplatz. Aber was ist schon ein normaler Parkplatz? Plötzlich stieg „Auge" aus der großen, dunklen Limousine aus und ich rannte ihm entgegen. Ich glaube, ich war der Erste an diesem Tag. Ich hatte nur noch Augen für „Auge". (Verzeiht mir, aber diese Wortspielerei musste jetzt sein ☺.) Vor mir stand eines meiner größten Idole (neben Karl-Heinz Rummenigge, Gerd Müller, Franz Beckenbauer, ...).

Klaus Augenthaler sagte „Hallo" zu mir und ich fragte ihn sofort nach einem Autogramm. Er antwortete, dass ich mich bis drinnen im Möbelhaus gedulden solle, aber er schrieb auf die Rückseite meines Pullovers: „Für Michael von Klaus Augenthaler". Es war ein blauer, langärmliger Pullover mit der weißen Aufschrift einer Gitarrenmarke. Mein Trainer hatte ihn mir geschenkt. Groß stand dort in Weiß *Ibanez* und nun quer darüber Auges Schriftzug.

Es war ein unvergesslicher Nachmittag, eine besondere Zeit. Ich wurde weder geschlagen noch ausgelacht. All das Traurige war irgendwie so weit weg. In den nächsten Wochen trug ich fast nur noch diesen blauen Pulli, auf dem Auge persönlich unterschrieben hatte.

Egal woher du kommst und was du machst, ich wünsche uns allen, dass wir dazu beitragen, ein bisschen mehr Licht in das Leben von Menschen zu bringen, damit niemand Angst vor uns hat und wir Glaube, Hoffnung und Liebe in uns tragen und somit die Welt zum Besseren ändern, selbst wenn es nur die kleine Welt um uns herum ist. Denn so steht es ja in der Bibel: Wir leben zum Lob seiner Herrlichkeit (vgl. Epheser 1,12).

6 – Sturm-Duos

Mein Blick geht gerade aus dem Fenster in Richtung des Gebäudes in Bopfingen, wo ich am 6. September 1970 das Licht der Welt erblickte. (Während ich diese Worte tippe, fällt mir ein, dass Jesus dies von sich gesagt hat: „Ich bin das Licht der Welt.") Heute ist dort im Kreiskrankenhaus eine Wachkomastation, Luftlinie ca. 150 Meter von mir entfernt.

Es war um 15.58 Uhr, als ich am Herzen meiner Mama lag, wo ich Augenblicke zuvor noch *unter* ihrem Herzen gewesen war. Die erste Person von meiner Familie, die mich sah, war meine geliebte Oma Elisabetha. Ich war auch eine der letzten Personen, die sie sah, als sie aus dieser Welt ging, am gleichen Ort, wo ich geboren worden war. Ich kam in diesem kleinen Krankenhaus zur Welt, und meine Oma verließ von dort aus diese Welt. Mein Blick bleibt an dem Gebäude hängen – so viele Gedanken, so unbeschreiblich viele Emotionen; ich lege sie in Gottes Hände und schreibe weiter.

Am selben Tag wurde noch ein Junge dort geboren: Thomas. Er kam um Punkt 12 Uhr auf die Welt und war und ist der Sohn meines ersten Fußballtrainers „Wolle" (Wolfgang). Thomas und ich spielten viele Jahre zusammen und schossen in einer Saison zusammen 59 Tore, er 41 und ich 18. In diesem Jahr wurden wir Meister. Aber dazu komme ich später noch. Bis heute sind Thomas und ich Freunde. Wir waren das perfekte Sturm-Duo, damals in der C-Jugend.

Nun aber zu einem anderen Sturmpartner, zu meinem Jugendfreund Karsten. Wir waren derselbe Jahrgang, und meine wunderbare Cousine war mit seinem großen Bruder verheiratet. Karsten verlor innerhalb kürzester Zeit beide Eltern durch

Krankheit und war mit 13 Jahren Vollwaise. Von da an lebte er bei seinem Bruder und meiner Cousine.

Von dieser Zeit an wurde er mein bester Jugendfreund. Wir gingen in dieselbe Klasse, versuchten es auch gemeinsam beim Judoverein, wo ich allerdings nicht lange bleiben konnte, weil mir das Geld für einen Judoanzug fehlte. Karsten blieb dann auch nicht länger und spielte mit mir in meinem Dorfverein.

Er litt unbeschreiblich unter dem Verlust seiner Eltern. Manchmal schlug er mit seinen Fäusten gegen die Wände; einmal wollte er im wahrsten Sinne des Wortes „mit dem Kopf durch die Wand". Ich war ohnmächtig und konnte mit seinem Schmerz kaum umgehen. Ich hatte selbst Probleme, mit meiner Schwere umzugehen. So erlebten Karsten und ich gemeinsam einige stürmische Zeiten. Er und ich waren ein „Sturm-Duo" in jeder Hinsicht.

Wir hatten eine kleine Klicke und waren jeden Tag einfach nur draußen. Wir gingen zelten, gemeinsam ins Freibad und schossen so manche Delle an irgendwelche Garagentore. Erst gestern traf ich ein Ehepaar, das früher in Karstens Straße gewohnt hatte, wo wir die Garagentore malträtiert haben. Alt ist dieses Paar geworden. Ich habe sie lange nicht mehr gesehen, doch interessanterweise gerade jetzt, während der Zeit, in der ich dieses Buch schreibe.

Vor einigen Jahren traf ich in einem Krankenhaus einen alten Spielkameraden, der ebenfalls damals in der Siedlung mit uns gekickt hatte. Ich fragte, wie es ihm ginge, und er kämpfte mit den Tränen und erzählte mir, dass er gerade seine Frau besuchte, die sehr schwer erkrankt war. Wir kamen dann auf alte Zeiten zu sprechen, wie so oft, wenn man einen Menschen lange nicht gesehen hat. Warum wundern wir uns eigentlich darüber, dass die Zeit so schnell verfliegt? Wundert sich denn ein Fisch jeden Tag, weil er von Wasser umgeben ist? (Es sei denn, er ist tatsächlich für das Land geschaffen, dann würde sich jeden Tag seines Lebens seine Sehnsucht bemerkbar machen.) Und warum wundern wir uns über die Jahre, die so schnell vergehen? Ich glaube, weil Gott uns für die Ewigkeit geschaffen hat. Denn so steht es in der Bibel, dass er die Ewigkeit in unser Herz gelegt hat.

„So schön war es damals, als wir noch gegen die Garagentore kickten", flüsterte er mir unter Tränen zu und ich erwiderte:

„Warum machen wir es eigentlich nicht mehr?"

„Ja, warum eigentlich nicht?", fragte er sich ebenfalls.

„Vielleicht kicken wir mal wieder dagegen und schauen, wer sich nach all den Jahren noch darüber aufregt, welche Köpfe sich aus den Fenstern strecken und brüllen, dass wir sofort aufhören sollen", schlug ich vor.

Nun lachten wir gemeinsam in der Eingangshalle des Krankenhauses. Leider haben wir es bis heute nicht geschafft, unsere Idee umzusetzen und noch einmal gegen die Garagentore zu ballern.

Irgendwann hatten Karsten und ich unsere ersten Freundinnen. Nichts von Belang, ein bisschen Händchenhalten, kleine Schwärmereien. (Eine seiner ersten Freundinnen hatte Jahre später einen schweren Autounfall und verstarb.) Karsten war ein toller Kerl. Wir hielten in den Stürmen unseres Lebens zusammen. Er quälte mich nicht wegen meiner Armut oder wegen meines oft betrunkenen Vaters, wie die anderen es taten. Viel zu sehr war er mit seinem eigenen Schmerz beschäftigt.

Er hatte einen riesengroßen Kassettenrecorder. (Für die Jüngeren, die nicht wissen, was das ist: Fragt eure Eltern oder Großeltern. Wenn möglich, schaut nicht im Internet, denn durch das Fragen, das Miteinanderreden werden Beziehungen gebaut und gepflegt.) Mit diesem Recorder auf der Schulter und am Ohr lief er mit mir durch die Stadt in unseren Stadtpark. Stundenlang hörten wir hier Musik oder kickten – es war eine wunderschöne Zeit, trotz aller Stürme um uns herum.

Unser Trainer „Wolle" entdeckte irgendwann Karstens Talent als Torwart. So wurde Karsten ein sicherer Rückhalt für unser Team. Einmal brach er sich die Hand, ich stand daneben und sah wie unglücklich er versuchte, den harten Schuss abzuwehren. Das Handgelenk war durch. Ja, so manches Unglück führt zu Brüchen. Ich möchte kurz bei diesem Gedanken bleiben.

Im Kampfsport haut man seine Knochen oft gegen harte Gegenstände. Dadurch entstehen Mikrorisse, kleine Brüche, die dann wieder zusammenwachsen. Die Stelle, an der ein Knochen bricht und wieder heilt, wird extrem hart. In meinem Leben begegnen mir oft harte Menschen; auch ich gehörte einmal dazu, mein Herz war so hart. Stets, wenn mir solche „harten Knochen" begegnen, denke ich mir: „So viele kleine Brüche in ihrem Leben. So viel Zerbruch!" Doch der Herr ist nahe denen, die zerbrochenen Herzens sind.

Am 20. Oktober 1984 organisierte unser Verein einen genialen Ausflug. Obwohl Papa damals dabei war, passierte an diesem Tag nichts Negatives. Im Gegenteil, ich kam aus dem Staunen nicht mehr heraus, und auch Karsten tat dieser Ausflug unendlich gut. Gemeinsam mit der ganzen Bande gingen wir durch die Bavaria Filmstudios und liefen auch durch das U-Boot aus dem Film „Das Boot". Einer unsrer Betreuer, Eddy, durfte sich als Synchronsprecher versuchen – oh Mann, was hatten wir für einen Spaß!

Eddy war ein cooler Typ. Auch er ist mittlerweile gestorben, einfach umgefallen und tot gewesen, soweit ich weiß. So zerbrechlich ist unser Leben. Deshalb sollten wir darauf achten, wie und was wir miteinander reden. Jedes Wort kann das letzte sein. Manchmal wollen wir das letzte Wort haben, was vielleicht mit unserem Mangel an Selbstwert zu tun hat und weil wir irgendwie diese eine Schlacht gewinnen wollen oder gar gewinnen müssen. Achten wir doch darauf, dass unsere Worte Menschen ermutigen und nicht „foulen" oder sie ins Abseits drängen.

Eddy machte sich super als Synchronsprecher! Anschließend durften wir die Kulissen des Films „Die unendliche Geschichte" bewundern. Wir Dorfkinder kamen aus dem Staunen kaum mehr heraus. Und dann folgte mein persönlicher Höhepunkt. Wir fuhren zum Olympiastadion und ich sah mein erstes Bundesligaspiel. Wir standen in der Südkurve. Was für ein Erlebnis! Eintracht Frankfurt war zu Gast. Bis heute weiß ich, dass 36 000 Zuschauer da waren, inklusive der kleinen Herde aus Schlossberg.

Die Bayern gewannen 4:2. Was für eine Stimmung! Ich habe noch die Fangesänge im Ohr: „Let's go, Bayern, let's go!" – „Auf geht's, Bayern, schieß ein Tor!" Ich war wie in einem Rausch. Das Spiel, die vielen Leute, die megagroßen Flutlichtmasten, das Stadion und unsere Stars nur wenige Meter von uns weg.

Auch dieser Tag ging irgendwann zu Ende, doch er war nicht nur für Karsten und mich, sondern für uns alle ein unbeschreibliches, einmaliges Erlebnis mitten in unseren persönlichen Stürmen.

Einige Jahre später, wir waren mittlerweile etwa sechzehn, gingen Karsten, noch ein Junge aus unserer Klicke und ich erneut zu einem Bundesligaspiel. Wieder standen wir in der Südkurve. Leider war dieser kleine Ausflug jedoch nicht so unbeschwert wie jener im Oktober 1984. Karsten drehte sich mitten im Torjubel für die Bayern um, weil er etwas Nasses gespürt hatte. Unglaublich: Einer der Fans pinkelte Karsten von hinten ans Hosenbein. Unsere Empörung hielten wir mal vorsichtshalber in Grenzen, denn der Pinkler und seine Truppe waren uns in allem überlegen. So wechselten wir fast widerstandslos unsere Plätze. Karsten war allerdings für den Rest des Tages ziemlich „angepisst" 😊. Der Tag war gelaufen, aber einige Zeit später konnte er darüber lachen. Ich sehe sein verschmitztes Lächeln vor mir. (Er hatte Asthma, und wie im Hintergrund vernehme ich sein Husten, das sich mit seinem Lachen so oft vermischte.)

Irgendwie verliefen unsere Wege dann total unterschiedlich. Wir verloren uns mehr und mehr aus den Augen. Jeder war nun berufstätig, beide waren wir in Beziehungen. Eines Tages wurde er bei einem Streit mit einem Messer lebensgefährlich verletzt. Ich war so dankbar, dass er überlebte. Immer wieder, wenn wir uns sahen, plauderten wir über die alten Zeiten, aber nie großartig über unsere Herzen; die waren beide hart. So blieben unsere Gespräche mehr oder weniger oberflächlich.

Einige Jahre später hatte er einen schweren Autounfall, bei dem ein Mensch starb. Unfassbar, was Karsten in seinem Leben alles ertragen musste. Er fing an zu trinken, betäubte sich auf diese Weise; es war seine Art, aus der Welt zu flüchten. Ich kann ihn so gut verstehen! Verstehen bedeutet aber nicht, einverstanden zu sein. Er rutschte völlig ab. In dieser Zeit „lebte" er in derselben Kneipe wie mein Vater. Als Papa und ich uns 2007 versöhnten und ich ihn von da an regelmäßig besuchte, sah ich auch Karsten wieder öfters. Ich konnte ihn ab und zu beschenken und ihm mein versöhntes Herz zeigen. Es war eine traurige, aber sehr wertvolle Zeit.

Eines Abends stand der Notarzt vor dieser Kneipe. Ich rannte los, weil ich dachte, mein geliebter Papa wäre in Not. Ich wohnte ja nur 140 Meter von dem Gasthaus entfernt und erkannte in der Dunkelheit das Blaulicht aus der Ferne. Ich stürmte die 140 Meter zum Krankenwagen. Als einer der Sanitäter mir über den Weg lief, fragte ich voller Sorge: „Ist was mit meinem Papa?" „Nein", antwortet dieser und fügte hinzu: „Es ist Karsten, es sieht nicht gut aus ..."

Mein Jungendfreund Karsten, mit dem ich so viele Stürme erlebt hatte. Gleichzeitig hatten wir unsere ersten Freundinnen und hielten parallel Händchen. Als er Torwart war, hatten seine Hände durch ihre Paraden unsere C-Jugend-Meisterschaft möglich gemacht. Sein kleines Leben lag nun in den Händen der Ärzte und vor allem in Gottes guten Händen. Wenige Tage später bekam ich wieder einmal einen schrecklichen Anruf, wie so viele Male, und erfuhr, dass Karsten es leider nicht geschafft hatte.

Sein Bruder bat mich, die Trauerrede für seinen kleinen Bruder, meinen Freund, zu halten. Welch ein Vertrauen, welch eine Wertschätzung und Verantwortung. So trug ich im Frühjahr 2010 meinen besten Jugendfreund Karsten zu Grabe. Ich hoffe so sehr, dass er Frieden mit Gott gemacht hat, dass er den Frieden gefunden hat, welchen die Welt nicht geben kann.

Was für ein Leben. Er verliert in jungen Jahren Mama und Papa. Er selbst wird durch eine Messerattacke schwerstverletzt. Bei einem Autounfall wird er wieder schwer verletzt und ein anderer Mensch stirbt. Er fängt an zu trinken und verstirbt schließlich selbst mit knapp 40 Jahren. Ich habe auf so viele Fragen keine Antworten, nur Vertrauen und Hoffnung, und die Gewissheit, dass Gott gut und gerecht ist. Und manchmal war und bin ich auch ohnmächtig und hilflos.

Wenige Monate später stand wieder ein Krankenwagen an derselben Stelle, diesmal lag mein Papa darin. Eben beim Schreiben wird mir bewusst: Dort auf dem Parkplatz der Kneipe nahm ich nicht nur Abschied von meinem Papa, sondern auch von Karsten. Beide wurden von diesem Fleck weg mit einem Krankenwagen abtransportiert und ich sah sie nie mehr lebend.

Wieder einige Monate später hatte meine Familie einen grauenhaften Autounfall, bei dem ein lieber Mensch sein Leben ließ. Es war erneut so ein schrecklicher Anruf. Und noch einmal einige Wochen später starb meine andere Oma, die Mama meiner Mama. Was für ein schreckliches Jahr! So oft klingelte mein Handy und man teilte mir Trauriges mit. Ende 2010 beschloss ich, den Ton meines Handy stumm zu schalten. Bis heute ist der Klingelton meines Mobiltelefons lautlos.

Ich bin Gott so dankbar für die gemeinsame Zeit mit meinen Sturmpartnern Thomas und Karsten. 1993 starb Thomas' kleiner Bruder, ebenfalls bei einem Verkehrsunfall. Was für ein unfassbares Leid! Welch stürmische Zeiten, und wie so oft habe ich keine Antworten, doch ich trage Glauben, Hoffnung und Liebe in meinem Herzen, allerdings oft auch noch eine Menge Zweifel. Na ja, ihr wisst ja nun: Ich bin ein Kreisliga-B-Christ.

Auch in der Bibel wird oft über Stürme berichtet. Hier eine Geschichte die ich diesem Kapitel noch zufügen möchte:

Jesus geht auf dem Wasser

Sofort danach schickte Jesus seine Jünger zum Boot zurück und befahl ihnen, ans andere Ufer überzusetzen, während er die Menschen nach Hause entließ. Dann stieg er allein in die Berge hinauf, um dort zu beten. Als es dunkel wurde, war er immer noch allein dort oben. Währenddessen hatte sich das

Boot weit vom Ufer entfernt und war in schweren Seegang geraten, denn ein starker Wind war aufgekommen.

Gegen drei Uhr morgens kam Jesus über das Wasser zu ihnen. Als ihn die Jünger sahen, schrien sie entsetzt auf, denn sie hielten ihn für einen Geist. Doch Jesus sprach sie sogleich an: „Es ist gut", sagte er. „Ich bin es! Habt keine Angst."

Da rief Petrus ihm zu: „Herr, wenn du es wirklich bist, befiehl mir, auf dem Wasser zu dir zu kommen."

„Dann komm", sagte Jesus.

Und Petrus stieg aus dem Boot und ging über das Wasser, Jesus entgegen. Als er sich aber umsah und die hohen Wellen erblickte, bekam er Angst und begann zu versinken.

„Herr, rette mich!", schrie er.

Sofort streckte Jesus ihm die Hand hin und hielt ihn fest. „Du hast nicht viel Glauben", sagte Jesus. „Warum hast du gezweifelt?"

Als sie schließlich zurück ins Boot stiegen, legte sich der Wind. Da beteten ihn die Jünger an. „Du bist wirklich der Sohn Gottes!", riefen sie.

Auf der anderen Seite des Sees gingen sie in Genezareth an Land. Als die Menschen dieser Gegend Jesus erkannten, verbreitete sich dies sofort in der ganzen Umgebung. Schon bald brachten die Leute alle ihre Kranken zu ihm, damit er sie heilte. Die Kranken baten ihn, auch nur den Saum seiner Kleidung berühren zu dürfen. Und alle, die ihn berührten, wurden gesund (Matthäus 14,22-36).

Habt ihr gelesen? Es war dunkel und schwerer Seegang, und Jesus tat das Unmögliche. Er, der Ursprung aller physikalischen Gesetze, geht auf dem Wasser und hebelt dabei alle Gesetze der Physik aus. Als die Jünger ihn sehen, fürchten sie sich – verständlicherweise. Er nimmt ihnen die Angst mit ein paar wenigen Worten: „Ich bin es!"

Wie unfassbar schön diese drei Worte sind! Bevor ich das Zimmer meiner Tochter betrete, klopfe ich an, und wenn sie nachfragt, wer da ist, dann sage ich: „Ich bin es." Diese drei

Worte sind so lieb und schaffen Vertrauen mitten in Dunkelheit und stürmischen Zeiten. Wenn ich Kranke besuche und in das Zimmer eintrete, sage ich so oft: „Ich bin es."

Ihr Lieben da draußen, ich habe keine schlauen Antworten für die dunklen und stürmischen Zeiten unseres Lebens oder der Welt generell. Was ich aber weiß, ist, dass ich keine gedrückten Daumen benötige. Ich werde keine Sterne befragen, auch brauche ich keine Glücksbringer oder eine universelle Energie. Ich liebe und ich brauche den Gott, der mir ganz besonders in Dunkelheit und Sturm nahe sein möchte, der von sich selbst sagt: „Ich bin es!"

Der ICH BIN ES ist mein ganzes Lebensglück, mein Halt, das Licht in der Dunkelheit, meine Hoffnung, mein „Golden Goal", mein Tor für die Ewigkeit, mein Weg heraus aus dem Abseits – sein Name ist JESUS.

7 – Tiefpunkte & Höhepunkte

Mein erster Kick

Obwohl es nicht einfach für mich war, dass mein Vater bei jedem Spiel dabei war, freute ich mich schon die ganze Woche auf das nächste. Ich mochte es zu kicken. Selbst das Training machte mir unbeschreiblich viel Spaß. Egal ob draußen oder in der Halle, ich kickte für mein Leben gerne. (Daran hat sich bis heute nichts geändert.) Kaum kamen wir am Trainingsgelände an, da ertönte oft schon das erste Kommando unseres Trainers: „Zehn Runden, auf geht's!", und wir wussten, was zu tun war: Wir mussten zehnmal um den Sportplatz rennen.

Laufen konnte ich – ich musste ja oft genug in meinem Leben weglaufen –, und so lief ich Training für Training allen, also wirklich allen, davon und manche überrundete ich sogar. Ja, ich musste viel laufen: einige Kilometer von zu Hause in die Schule und wieder zurück; zu Oma, Tante und zu „Onkele" Heinz, die ich liebte; und ich musste vielen davonlaufen, wenn sie mich durchs Dorf jagten oder durchs Schulhaus. Manchmal rannte ich einfach hinunter in unsere kleine Kirche, um mit Jesus „Händchen zu halten". Außerdem hatte ich in dieser Zeit in der Schule „Leichtathletik", und mein Lehrer war Welt- und Europameister im 3000-Meter-Hindernislauf. 1982 wurde er in Athen Europameister und 1983 in Helsinki Weltmeister. Erst vor Kurzem sah ich ihn nach all den Jahren wieder und konnte ihm sagen, wie sehr ich ihn bewunderte, meinen Leichtathletik- und Techniklehrer Patriz Ilg. Also rennen konnte ich, und das mit dem Ball wurde von Training zu Training auch besser.

Ich kann mich noch an meinen allerersten „Ballkontakt" in meinem ersten Fußballspiel erinnern. Ich wusste gar nicht so recht, was ich zu tun hatte, und stand irgendwie völlig verloren auf dem Platz. Plötzlich rollte der Ball in meine Richtung. Ich rannte ihm entgegen. (Ich muss gerade an die ersten Worte denken, die auf dem Mond gesprochen wurden: „This is a small step for a men, but a giant leap for mankind." – „Dies ist ein kleiner Schritt für einen Mann aber ein großer für die Menschheit.")

Die Spannung stieg. Ich holte aus, um nach dem Ball zu treten, doch genau in dem Augenblick stibitzte mir mein eigener Mitspieler diesen vor der Nase weg. Ich war jedoch mitten in meiner Ausholbewegung und konnte auch nicht mehr stoppen. So traf ich nicht den Ball, sondern das Hinterteil meines Mitspielers, der auch „Wolle" genannt wurde, wie unser Trainer. Mein erster Tritt in einem offiziellen Spiel landete also auf Wolles Allerwertestem anstatt auf dem Ball. Aber immerhin, der erste Schritt war getan und mein erstes Spiel lag hinter mir.

Oft verloren wir zweistellig und unser Trainer schien manchmal an uns zu verzweifeln. Einmal lagen wir in einer Halbzeitpause zweistellig im Rückstand und unser Coach meinte: „Oh Mann, seid ihr schlecht! Ich schäme mich für euch. Und es hat noch nicht einmal jemand bemerkt, dass wir ein bis zwei Spieler mehr auf dem Platz hatten ..." Sensationell, es war wirklich keinem aufgefallen, nicht einmal der Mannschaft selbst, außer unserem Trainer Wolle.

Mein erstes Tor

Irgendwann war es dann soweit und ich schoss mein erstes Tor. Ich lief alleine auf den Torwart zu und lupfte den Ball einfach über ihn hinweg. Was für eine unbändige Freude, eine Explosion von Glück. In diesem Augenblick war es egal, wie oft ich geschlagen oder getreten, wie oft ich ausgelacht wurde, auch meine eigenen Verfehlungen, dass ich andere mobbte, die Last meiner kleinen Diebstähle. Alles Leid, was man mir und was ich anderen zugefügt hatte, war gefühlt Lichtjahre entfernt, und aus dem Augenwinkel heraus sah ich Papa jubeln. Er rannte die Außenlinie rauf und runter und rief immer und immer wieder: „Das ist mein Sohn!" Ihr Mamas und Papas, ruft es euren Kindern aus allen Richtungen immer und immer wieder zu: „Dies ist mein geliebtes Kind", unabhängig davon, ob es gewinnt oder verliert. Wir tragen alle diese Sehnsucht in uns, geliebt und wertgeschätzt zu werden. Wird diese Sehnsucht nicht gestillt, kann sie krank machen oder in Sucht enden.

Jesus wurde am Jordan von Johannes getauft, an der tiefsten begehbaren Stelle auf dieser Erde, und man hörte eine Stimme aus dem Himmel: „Dies ist mein geliebter Sohn, an dem ich Wohlgefallen habe." Ihr Lieben da draußen, sagt euren Kindern besonders dann, wenn sie ganz unten sind, wie sehr ihr sie liebt, denn dann brauchen sie es am meisten.

Nach diesem Tor kamen viele andere hinzu. Jedes Tor war der Garant für einen Abend ohne Beleidigungen, für eine weitere kleine Glücksexplosion.

Auserwählt

Ich war 13 Jahre, als ich in eine Auswahl berufen wurde. Was für eine wunderbare Nachricht. Ich hatte vieles nicht, was andere Jungs in meinem Alter hatten, aber ich gehörte zu den Wenigen, die in eine Auswahl berufen wurden. Ich hatte ein sogenanntes Sichtungsspiel. Ich war sehr aufgeregt, aber das Wunder nahm weiter seinen Lauf und ich wurde in die nächste Auswahl berufen. Mein Vater platzte vor Stolz, bis irgendwann die Ernüchterung eintraf und ich für keine weiteren Sichtungen mehr eingeladen wurde. Der Auserwählte gehörte nicht mehr zur Auswahl. Wieder eine Hoffnung weniger auf ein besseres Leben.

Um diesen Zeitraum herum häuften sich die Entwürdigungen, all die Demütigungen in meiner Klasse bis zur Unerträglichkeit. Ich hatte kaum noch Kraft. Freitagmittag war ich regelmäßig glücklich, den Quälereien, denen ich Tag für Tag durch einige Jungs meiner Klasse ausgesetzt war, für ein Wochenende zu entkommen. Und ich freute mich schon auf das nächste Spiel; vielleicht würde ich ja wieder ein Tor schießen, um mich gleichzeitig ein wenig aus dem Abseits zu befreien, in dem ich fast ständig gefangen war.

Egal wie die Spiele verliefen, der Sonntag nahte, welches der schrecklichste Tag in der Woche war. Sonntag früh war es noch schön. Da ging ich in die Kirche und danach besuchte ich meine geliebte Tante und dann Oma. Sie erzählte mir dann wieder von Jesus und gab mir so viel Hoffnung. Doch spätestens am Nachmittag begann diese unbeschreibliche Angst vor dem nächsten Tag, vor denen, die so gemein und verletzend waren. Jahre später erfuhr ich, dass es ihnen selbst nicht gut ging. Sie gaben letztendlich auch nur den Müll weiter, den sie selbst empfangen hatten. Verletzte Menschen verletzen (häufig) Menschen, und geheilte Menschen tragen zur Heilung bei.

Ich war so lebensmüde. Meine Sehnsucht nach Frieden war riesig. Eines Tages nahm ich meinen ganzen Mut zusammen und ging zu meinem Lehrer. Ich vertraute mich ihm an. Es war nach Ende der letzten Stunde, alle waren schon gegangen. Da sagte ich ihm, dass ich keine Kraft mehr habe und seit Jahren fast jeden Tag gequält werde. Stumm blickte er mich mit großen Augen an, packte seine Tasche und sagte nur einen Satz, bevor er mich stehen ließ: „Das bildest du dir alles ein!" Ich fühlte mich als der einsamste Mensch auf der ganzen Welt. Etwas ist damals, am Ende der letzten Stunde, in mir gestorben. Irgendwie beschloss ich für mich, nie mehr mein Herz zu öffnen.

Bitte lies nun sehr aufmerksam die nächsten Zeilen. Ich richte sie direkt an dich, an dein Herz. Wenn dich irgendwo, irgendwann, irgendjemand enttäuscht, verschließ dich bitte nicht. Gib dem Bösen nicht die Macht, dir noch mehr zu schaden. Geh weiter und investiere in andere Menschen. Sprich mit Gott, dass er dich führen möge. Vertraue dich IHM und anderen Menschen an. Enttäuscht dich ein Lehrer? Geh bitte zum nächsten, nicht alle sind so. Hat dich jemand in deiner

Gemeinde, in der Kirche enttäuscht? Dort wo Menschen sind, werden Fehler gemacht. Christen enttäuschen, Christus nie. Es gibt Gutes und Böses auf dieser Welt. Beantworte Böses nicht mit Bösem. Geh weiter und investiere Liebe und Hoffnung. Liebe erwartet nichts, ist aber bereit alles zu hoffen.

In meinem Dorf gibt es einen über 90-jährigen Mann, mit dem ich ab und zu ein paar Schritte spazieren gehe. Ich fragte ihn einst, warum er so einen tiefen Frieden in sich trage. Da meinte er: „Obwohl ich viel Leid erlebt und den 2. Weltkrieg überlebt habe, haben mich drei Dinge am Leben erhalten und mir Frieden gegeben: Es sind Glaube, Hoffnung und Liebe; und die Liebe ist das Größte, und Gott ist die Liebe. Und in Jesus kam diese Liebe zu uns, ja, Gott selbst, diese unfassbare Liebe. Und ER selbst, Jesus, lebt in meinem Herzen."

Der Satz meines Lehrers damals war wie ein Stich ins Herz. Keine Hoffnung auf Hilfe und dem Leiden ausgeliefert. Ich resignierte! In diesem Schuljahr hatte ich von 15 Fächern in neun eine fünf. Na ja, ich hatte nicht einmal ein eigenes Zimmer, um ungestört meine Hausaufgaben machen zu können, und faul war ich dazu auch noch.

Mitten in diesem Tiefpunkt starb meine geliebte Oma. Oma war der Garant für Zusammenhalt gewesen. Sie war eine so starke und herzliche Frau. Sie hatte sich liebevoll um ihre Kinder gekümmert, während Opa im Krieg und in der Gefangenschaft gewesen war. Ich kann mir kaum vorstellen, wie sie das alles gemeistert hat. Im Glauben an Jesus Christus wurde sie gestärkt, und mit dieser Liebe erzog sie ihre Kinder. Jeden Abend betete sie mit den Kleinen, bevor sie zu Bett gingen. Sie hatte fünf Kinder, zwei Buben und drei Mädchen. Ein Junge starb schrecklicherweise bereits nach nur zwei Wochen. Unbeschreiblich, was diese Frau so alles durchgemacht hat in ihrem Leben. Doch nichts, aber auch gar nichts, konnte ihren Glauben erschüttern. Sie war stets ruhig und freundlich, manchmal mahnend, aber voller Liebe.

Es gab Jahre, da besuchte ich Oma und Opa fast täglich. Ich saß auf ihrem kleinen grauen Sofa und Oma in ihrem

Omasessel hinter ihrem Holzofen. Sie litt an Diabetes, und als ich etwa zehn Jahre alt war, amputierte man ihr ein Bein. So saß sie Tag für Tag hinter ihrem Ofen. Sie „krabbelte" von einem Raum in den anderen ... oder saß gemütlich in ihrem kleinen Hof. Kaum ein Tag verging, an dem sie mir nicht voller Liebe und Ehrfurcht von Jesus erzählte.

Ehrfurcht? Was ist das? Ehrfurcht hat nichts mit der uns bekannten Angst zu tun. Wer meine Oma gekannt oder ihren Worten gelauscht hätte, dem müsste ich das nicht mehr erklären. Vielleicht hat es auch mit Faszination, Staunen, Respekt und Würde zu tun. Es war wenige Monate vor ihrem Tod, als sie mir eindringlich sagte: „Halte dich stets an Gott! Die Welt lacht mehr und mehr über ihn. Den Menschen geht's zu gut, sie denken, sie schaffen es ohne Gott. Vielleicht braucht so mancher Mensch die Not, um nach Gott zu rufen. Ich wüsste nicht, was ich zu Kriegszeiten ohne Gott getan hätte. Er war immer für uns da." Solche Worte aus dem Munde einer Frau, die ihr Kind verloren hatte, die so oft um das Leben ihres Mannes gebangt hatte, die sich selbstlos über ihre Kinder warf, als ein Tieflieger sie und die Kinder aus der Luft beschoss. Eine Mutter, die schauen musste, wie sie ihre Kinder versorgte, sich selbst zurücknahm und gab, wo sie nur geben konnte, und das alles inmitten des Krieges.

Oft erzählte sie mir biblische Geschichten. Ich bin so dankbar für jede Minute, in der ich ihr zuhören konnte. Gerade beim Schreiben fällt mir ein, dass ich ihr, soweit ich mich erinnere, nie gesagt habe, wie sehr ich sie liebte. Sie wusste es immer, doch es ist so wertvoll, es auch auszusprechen. Ich wusste es ja erst mit 37 Jahren, wie unendlich kostbar es ist, die Liebe auszusprechen.

Sehr oft erzählte sie mir von dem ersten Märtyrer „Stephanus", dass er für sein Bekenntnis zu Jesus sterben musste, dass er aber im Sterben den offenen Himmel sehen durfte. Diese Begebenheit sollte später noch eine größere Bedeutung haben.

So oft beteten wir gemeinsam. Welch ein Segen, Eltern und Großeltern zu haben, die beten und segnen können. Immer wieder erzählte sie mir von ihrem kleinen Jungen, dem Werner, der mit gerade einmal zwei Wochen starb. Sie gab Gott nie die Schuld für seinen Tod, sondern sagte mir mit Gewissheit, dass er nun bei Jesus sei.

Omas Sofa war eine Art Zufluchtsort für mich, wenn die Welt da draußen brüllte. Hier wurde nie geschrien. Opa war wortkarg, nie sprach er aus seinem Herzen; Nähe konnte er auch keine spenden. Heute weiß ich warum. Ich glaube, seine Erziehung und der Krieg sowie die Gefangenschaft haben vieles in ihm zerstört und sein Herz versteinert. Er starb 1988, als ich 18 Jahre alt war. Würde ich ihm nur noch ein einziges Mal begegnen, so würde ich ihn in meine Arme nehmen (wenn er es zuließe) und ihm in sein Ohr flüstern: „Opa, ich verstehe dich und liebe dich!" (Oh Mann, geht mir das ans Herz …)

Ende Dezember 1983 kam meine Oma ins Krankenhaus. Die ersten vier Wochen im Krankenhaus dachten wir, dass alles gut werden würde, doch auf einmal schien sie uns nicht mehr zu erkennen. Es war eine schlimme Zeit. Meine geliebte Oma wusste meinen Namen nicht mehr. Eines Tages saß ich an ihrem Bett und bemerkte ein Strahlen in ihrem Gesicht, es war wie von Freude bedeckt. (Jetzt, beim Schreiben, denke ich an die Geschichte von Stephanus.) Sie strahlte übers ganze Gesicht, zeigte zur Wand neben sich und sprach mich direkt an. Ihre Stimme war so zärtlich und klang nach so viel Ehrfurcht und Dankbarkeit (ich sehe meine Oma jetzt in diesem Augenblick vor mir): „Siehst du ihn, Michael?" fragte sie mich flüsternd und aufgeregt, als wäre es unser intimstes Geheimnis. Es war die Krönung all unserer Gespräche, jedes Gebets und jedes gemeinsamen Liedes, welches wir gesungen hatten: „Siehst du ihn?" hakte sie nach. „Nein, wen?" fragte ich. Sie wurde leicht energisch: „Sieh doch genau hin, Jesus ist da! Schau, wie wunderschön er ist!"

So, nun laufen meine Tränen. Ich weiß nicht, ob es sich gehört, wenn der Autor von seinen Tränen schreibt, während er die Tastatur bearbeitet und versucht zu erklären, was nicht zu erklären ist. Ich spüre nur noch Ehrfurcht, Dankbarkeit und Liebe.

Mein Bildschirm ist verschwommen, mein physischer Blick getrübt. Aber mit meinen Herzensaugen sehe ich IHN jetzt, so wie ich ihn damals auch plötzlich sehen konnte. Genaugenommen sah ich ihn im Glanz von Omas Gesicht, weil sie ihn widerspiegelte. Vielleicht kannst du IHN jetzt auch gerade sehen …

Beruhigend und bestätigend flüsterte ich meiner Oma zu: „Ja, jetzt sehe ich IHN auch." Ein Lächeln zierte ihr sterbendes Gesicht, welches vor Freude strahlte, ja, vor erfüllter Sehnsucht …

So durften wir beide Jesus sehen, meine Oma von Angesicht zu Angesicht und ich an ihrer Freude, am Strahlen ihres Gesichtes … Die auf Gott schauen, werden leuchten wie die Sonne, so steht es in der Bibel. Ich habe es selbst gesehen und erlebt, damals am 7. Februar 1984 im Kreiskrankenhaus in Bopfingen auf Ebene eins, ganz hinten im letzten Zimmer …

Einen Tag später kam Papa um die Mittagszeit nach Hause. Dies war das erste Mal, dass ich ihn weinen sah, dieser Mann, der so oft geschrien hatte. Er stieg aus dem Taxi und die Stufen unserer alten Hütte hinauf, betrat die kleine Bruchbude und flüsterte unter Tränen: „Meine Mama ist eben gestorben." Nie werde ich diese Augenblicke vergessen, sein Flüstern und das Flüstern meiner Oma tags zuvor.

Im Himmel sieht sie nun ihren kleinen Werner wieder. Sie hat wieder zwei Beine und tanzt mit Jesus. Ihr Gesicht strahlt jetzt in alle Ewigkeit.

Ihr Flüstern, ihr Bekenntnis von der Schönheit Jesu Christi, möge auch in dein Herz flüstern und dir diesen Halt schenken, den meine Oma stets hatte. Der Trost, der sie in schweren Zeiten getragen hat, und der Mut, aus Liebe ihr Leben hinzugeben, mögen dir ebenso zuteilwerden, sowie auch das Vertrauen in den, der nie von ihrer Seite gewichen ist und der sich ihr im Sterben zeigte. So wie ihr soll Gott auch dir alle Ängste nehmen und dir Zuversicht schenken, dass dir der Himmel offensteht, wenn du nur Jesus als deinen Herrn in dein Herz aufnimmst.

„Siehst du Michael, wie schön Jesus ist?", höre ich sie immer und immer wieder flüstern, seit nun mehr als 39 Jahren.

Nun flüstere ich es in diese Welt hinaus: „Seht her, wie schön ER ist!" Mögest auch du sehen, wie schön ER ist – sein Name ist JESUS!

Omas Tod war einer der Tiefpunkte in meinem Leben, aber Jesus in ihrem Gesicht zu erkennen, ihr Strahlen zu erleben, ihre Freude auf den Himmel, dies erlebt zu haben, war mitten im Tiefpunkt ein absoluter Höhepunkt. Durch ihre Liebe und ihre Gebete durfte ich den kennen und lieben lernen, der uns alle aus dem Abseits ins wahre Leben führen möchte, zum vollkommen Glück.

8 – Neuanfänge

Nach Omas Tod und meinem katastrophalen Zeugnis in der siebten Klasse traten einige Veränderungen in meinem Leben ein. Endlich zogen wir aus dem „alten Haus von Rocky Docky" aus. Dies ist der Titel eines alten Liedes, das man mir des Öfteren vorgesungen hatte; wir Menschen sind so kreativ, wenn es darum geht, andere zu verletzen. Wie könnten wir doch mit unserer Kreativität, unserer Fantasie und all den anderen Gaben die Welt zu einem besseren Ort machen, wenn wir sie zum Guten einsetzen würden. Wir tun es leider so oft nicht und wundern uns, wenn vieles schief läuft. Und dann klagt man: „Wie kann Gott all das zulassen?"

Endlich hatte ich ein eigenes Zimmer. Ich musste keine Ängste mehr ausstehen, dass ganze Schulklassen vor dem Haus stehen und mich auslachen würden. Wie froh war ich, als einige Jahre später die Hütte abgerissen wurde. Heute hätte ich noch so gerne ein Foto von dem alten Häuschen. Trotz aller Stürme und der Dunkelheit in dieser Hütte habe ich IHN dort häufig „Ich bin es" flüstern hören. Ich war nie allein, auch wenn ich es oft dachte.

Nach der Flut von schlechten Noten wechselte ich von der Realschule in die Hauptschule, und hier traf ich auf Mitschüler, bei denen es mir merklich besser ging.

In der Saison 84/85 wurden wir – Thomas, Karsten, all die anderen und ich – tatsächlich Meister. Unsere Freude und die unseres Trainers Wolfgang war grenzenlos. Im letzten, alles entscheidenden Spiel gewannen wir 2:1 vor hunderten von Zuschauern. 38 Jahre ist das nun her. Unser Leben ist wie ein Wimpernschlag. In der Bibel steht, dass unser Leben wie

Rauch ist, der nur kurz zu sehen ist. Ich möchte mehr und mehr Rauchzeichen der Liebe von mir geben in dieser ach so kurzen Zeit.

Ach ja, in dieser Meistersaison ist noch etwas Außergewöhnliches passiert. Beim Erklettern eines Baumes stürzte ich mehrere Meter in die Tiefe und brach mir die Schulter. Wenige Tage später knickte ich mit meinem Fuß um und zog mir einen Bänderanriss zu. Völlig lädiert plagte ich mich von Tag zu Tag durchs Leben. Eines Abends klopfte unser Trainer Wolfgang an die Haustür. Wir bekamen fast nie von irgendjemandem Besuch, um so neugieriger waren wir, was Wolle auf dem Herzen hatte.

Er bat meine Eltern und mich doch tatsächlich, ob ich am nächsten Samstag spielen würde, mit Schulterbruch (ich hatte den Arm in einem Korsett) und mit Bänderanriss. „Nur hinten reinstellen und für die Mannschaft da sein", meinte er, weil es doch so ein wichtiges Spiel sei. Das Herz meiner Mama sagte klar „Nein!", aber Papa und ich waren zumindest in dieser Sache einer Meinung.

So lief ich tatsächlich an diesem Samstagnachmittag mit gebrochener Schulter und einem Bänderanriss auf. Wir gewannen das Spiel sage und schreibe 13:0, und ihr dürft raten, wer an diesem Nachmittag sogar drei Tore geschossen hat und ein friedliches Wochenende erleben durfte. Ja, ihr vermutet richtig: Es war der Sohn meines Vaters, der an diesem Tag außerordentlich stolz auf mich war. Mehr wollte ich eigentlich nie, dass Papa mich sieht, mein Herz und meine Sehnsucht nach Aufmerksamkeit, Anerkennung und Liebe.

Ständig hatte ich den Antrieb in mir, es meinem Vater zeigen zu müssen. So entschloss ich mich mit knapp 15 Jahren zum Heimatverein von Gerd Müller zu wechseln. Nördlingen ist zehn Kilometer von Bopfingen entfernt. Und so fuhr ich zweimal die Woche mit dem Bus ins Training, manchmal auch per Anhalter. Da ich kaum Geld hatte, war es schwierig die Fahrten zu bezahlen. Oft wusste ich nicht, wie ich abends nach Hause kommen sollte. Mein Trainer von damals hatte oft Mitleid und fuhr mich mit seinem grünen Audi wortlos nach Hause.

Bei meinem neuen Verein kam ich irgendwie nie an und war auch hier im Abseits. Die Leute dort waren korrekt zu mir, aber vielleicht lag es auch an mir, dem kleinen verletzten Jungen, dass ich so oft im Abseits stand. Auch hier ließ mein Vater es sich nicht nehmen, bei fast jedem Spiel anwesend zu sein.

Fast alle Spieler hatten einen Trainingsanzug vom Verein bekommen, nur ich nicht. Ich trug keinen grünen Anzug mit der Aufschrift „TSV Nördlingen". Mein Vater nahm dies zum Anlass, um mich auf eine neue Art und Weise zu erniedrigen. So hörte ich immer und immer wieder:

„Na, hast du wieder keinen Trainingsanzug bekommen? Sie wollen dich nicht, niemand will dich! Du gehörst doch gar nicht zu denen."

In manchen Wochen, in denen ich abends irgendwie mit dem Bus, dem Trainer oder per Anhalter vom Training kam, ging es gar nicht um den Inhalt des Trainings, sondern immer und immer wieder fragte er mich: „Hast du jetzt endlich einen Trainingsanzug bekommen?"

Um es vorwegzunehmen: Ich bekam nie einen. Aber eines Tages sah ich eine herrenlose Trainingsjacke im Flur unseres Vereinsheims. Mein Herz pochte, in meinem Kopf war klar, was ich zu tun hatte. Der Diebstahl könnte zur Lösung meiner Probleme beitragen. Endlich würde mein alter Herr aufhören mich immer und immer wieder zu fragen, ob ich nun endlich einen Trainingsanzug bekommen hätte. Ich suchte auf falschen Wegen und mit bösen Mitteln nach einer guten Lösung, nach Erlösung, nach Frieden und Harmonie.

Was steht oft auf den Grabsteinen, in Traueranzeigen oder auf den Schleifen der Kränze: „Ruhe in Frieden". Ich habe das nie verstanden, bis heute nicht. Finden wir erst Ruhe im Tod? Das akzeptiere ich nicht. Könnten wir uns doch gegenseitig Ruhe und Frieden schenken. Wer dich und mich kennt, hat doch hoffentlich seine Ruhe und Frieden am Arbeitsplatz, in der Nachbarschaft, in der Schule oder sonst wo. Vielleicht fragt Gott uns eines Tages: „Warum habt ihr all das Schlechte zugelassen? Wo warst du, um Ruhe und Frieden zu stiften?" Mögen die Orte, wo du und ich sind, mehr und mehr Orte sein, wo Menschen Ruhe, Frieden und Liebe finden. Ein Stück vom Himmel soll dort sein, wo wir uns aufhalten.

Ich schaute mich an diesem Abend noch einmal um und steckte die Jacke blitzschnell in meine Sporttasche. Ich fühlte mich schrecklich und befreit zugleich. Schrecklich, weil mein schlechtes Gewissen mich plagte, erleichtert, weil ich zumindest in dieser Hinsicht meinen Vater zufrieden stellen konnte.

An diesem Abend zeigte ich ihm voller Stolz die Jacke. Allerdings konnte ich sie nie im Beisein meiner Mitspieler anziehen, sonst wäre der Diebstahl aufgeflogen. In den Nächten darauf konnte ich kaum schlafen; was, wenn das herauskommen würde? Ich würde die Prügel meines Lebens beziehen, und aus dem Verein, in dem einst der „Bomber der Nation" gespielt hatte, würden sie mich rauswerfen.

Ich weiß bis heute nicht, wem die Jacke gehörte. Mein Diebstahl tut mir von Herzen leid. Wer weiß, vielleicht hat damals ein Junge zu Hause Ärger bekommen, weil er nicht auf seine Jacke aufgepasst hat. Ein Unrecht löscht kein anderes Unrecht aus.

In, mit und durch Jesus, durch sein Wort, die Bibel, erfahre ich mehr und mehr, wie ich mein Leben wahrhaftig und wertvoll gestalte. Im Grunde unseres Herzens wissen wir alle, was Gut und was Böse ist. Wir alle wissen um Gott. In einem abstürzenden Flugzeug und in einem sinkenden Schiff gibt es keine Atheisten.

Ich war etwa 15 Jahre alt, als das erste und auch das einzige Trainingslager meines Lebens anstand. Ich fühlte mich fast wie ein Profi. Es ging mit zwei VW-Bussen für einige Tage nach Österreich. Während der mehrtägigen Reise machten wir auch kurz auf einem Rastplatz an einem See halt. Mehrere Jungs und ich liefen in das dortige Restaurant, als uns ein Mädchen entgegenkam. Wir kamen nur sehr kurz ins Gespräch und alberten alle herum. Irgendwie war ich so mutig und fragte das Mädchen, ob wir unsere Adressen austauschen könnten. Die Begegnung dauerte maximal vielleicht drei Minuten, aber sie war tatsächlich einverstanden. Sie hatte keine Vorurteile gegen mich. Sie wusste nicht, in welchen Verhältnissen ich aufwuchs, dass ein zerrissenes, hartes Herz in meiner Brust schlug, sie kannte meinen Vater nicht und ahnte nicht, dass ich ein Dieb war. Ich fühlte mich wertgeschätzt und geschmeichelt, dass sie mir tatsächlich ihre Adresse gab.

Als junger Kerl hatte ich öfters erlebt, dass einige nichts mehr mit mir zu tun haben wollten, wenn sie erfuhren, wo ich herkam und wer mein Vater war. Als ich mich von dem Mädel entfernte, kamen Zweifel in mir hoch. Hatte sie mir tatsächlich ihre Adresse gegeben, oder erlaubte sie sich auch nur einen Spaß mit mir? Hieß sie tatsächlich Gabriele? Viele Wochen vergingen, als ich tatsächlich Post aus Österreich bekam. Mein Vater wollte sofort wissen, von wem die Post war. Als ich ihm sagte, dass ich nun eine Brieffreundin hätte, die ich im Trainingslager kennengelernt hatte, verspottete er mich und meinte: „Sie macht sich doch nur über dich lustig. Niemand will etwas mit dir zu tun haben." Diese Worte trafen mich. Wie eine Speerspitze bohrten sie sich in mein so hart gewordenes Herz. Gabriele und ich schrieben uns vielleicht zwei- bis dreimal hin und her; dann hörte ich nie wieder von ihr, aber sie auch nicht von mir.

„Niemand will dich", hallte es oft in meinem Leben hinter mir her. Doch Gott ist anders. Er sagt Ja zu dir und zu mir. Er will uns das geben, wonach wir uns alle in Wahrheit sehnen:

Kein Auge hat je gesehen, kein Ohr je gehört und kein Verstand je erdacht, was Gott für diejenigen bereithält, die ihn lieben (1. Korinther 2,9).

Mein Gastspiel in Nördlingen dauerte nur zwei Jahre. Ich hatte keinen durchschlagenden Erfolg. Aus der Sicht meines Vaters hatte ich es wieder einmal vermasselt und zu nichts gebracht. So kam ich wieder zurück zu meiner „alten Liebe", meinem kleinen Dorfverein, wo der Mann mit der Fahne eifrig seinen Dienst verrichtete. Es blieb dabei: Spielte ich gut, war die Welt ein wenig mehr in Ordnung, und spielte ich schlecht, gab es so manche Tragödie auf dem Heimweg und zu Hause. Je älter ich allerdings wurde, desto weniger schlug er mich, doch Worte können oft mehr verletzen als sämtliche Schläge und Tritte. Ich rebellierte mehr und mehr. Jesus kickte ich förmlich aus meinem Leben und dribbelte mich als Einzelkämpfer durchs Leben.

Auch wenn ich eine Freundin hatte, so machte ich mehr oder weniger mein eigenes Ding. Niemand durfte sehen, wie es in meinem Herzen aussah. Ich wollte es mir nicht einmal selbst ansehen. Im Jahr 1988 verliebte ich mich ernsthaft in ein Mädchen, welches mich so nahm, wie ich war. Wieder hörte ich von meinem Vater, dass mich niemand will und dass es niemand ehrlich mit mir meinen würde. Als Papa und ich uns später versöhnten, erfuhr ich von ihm, dass in Wahrheit *er selbst* oft abgelehnt und geschlagen wurde. Er wurde oft ausgelacht, wenn er sich irgendwo im Suff danebenbenahm. Ich hatte damals weder die Erkenntnis noch die Stärke, meinem Vater die Stirn zu bieten. So verließ ich eines Tages mein Elternhaus nach einem Streit. Fünf mit Wäsche gefüllte Plastiktüten im Winter waren mein ganzer Besitz. So tingelte ich wohnungslos Monate von einer Schlafstätte zur anderen und habe meine Freundin, den Rest der Welt, Gott und mich belogen.

Aber Gott können wir nicht belügen und auch nicht enttäuschen, weil er uns kennt. Er sieht den Grund unseres Herzens. Wir können ihn nicht *ent-täuschen*, da hätten wir ihn ja zuvor *täuschen* müssen, das geht nicht. Niemand kann Gott täuschen.

Als ich nach Monaten meiner Freundin ehrlich sagte, dass ich wohnungslos war, bekam ich einen Schlafplatz bei ihr zu Hause. Ich werde nie vergessen, was sie und ihre Eltern mir Gutes getan haben (und es tut mir von Herzen leid, welchen Kummer ich auch ihnen bereitet habe). Nun begann wieder einmal etwas Neues in meinem Leben. Es schien, als hätte ich die Abseitszone endlich verlassen.

Ach ja, zum Abschluss dieses Kapitels noch ein paar Gedanken zu meinem Jugendtrainer „Wolle". Ich war etwa 14 Jahre alt, als er nach einem Fußballspiel an der Theke stand und einen leichten Schwips hatte. Das Vereinsheim war voll und alle feierten den Sieg unserer Herrenmannschaft. Ich stand in der Nähe meines Trainers, als er mich mit traurigen Augen ansah und mir zuflüsterte: „Du tust mir so leid, Michael!" Kurz nachdem er das gesagt hatte, nahm er mich in seine Arme. Da standen wir nun beide an der Theke in unserem Vereinsheim. Die Welt um mich herum nahm ich kaum noch wahr. Die Worte, die Tränen und die Umarmung meines Trainers trafen mich mitten ins Herz. Eine Umarmung bedeutet, du bist angekommen, zu Hause, hier bist du sicher. Und ich habe gelesen, dass eine Umarmung sogar das Immunsystem fördert. Wir sollten uns wieder viel mehr in die Arme schließen; das tut Körper, Seele und Geist gut. Eine Umarmung fördert also unsere Gesundheit, gibt uns Sicherheit und stärkt unsere Identität. Dir das zu sagen, lag mir noch am Herzen. Und nun möchte ich den Ball zu ein paar meiner Freunde hinüberpassen.

9 – Einwürfe

Ihr Lieben, während des Schreibens in den letzten Tagen wuchs der Wunsch in meinem Herzen, ein paar Freunde zu Wort kommen zu lassen. Freunde, die mir zu treuen Weggefährten geworden sind und die die Freude am Fußball mit mir teilen.

Eines haben wir alle gemeinsam: Wir haben Jesus lieb, weil wir erfahren durften, wie sehr Jesus uns liebt. Viel Freude nun mit den „Einwürfen" meiner Freunde:

Erster Einwurf: Wirklich gewinnen

Von Johannes Reichert – Kapitän des SSV Ulm

Ich bin Profifußballer beim SSV ULM 1846. Für einen Profisportler geht es hauptsächlich darum zu gewinnen. Vieles im Leben zielt darauf hin, an den wöchentlichen Spieltagen erfolgreich zu sein. Man trainiert jeden Tag und investiert sehr viel, um große Siege oder persönliche Erfolge feiern zu können.

Hat man sie dann erreicht, merkt man trotzdem schnell, dass es einen nicht zufrieden und glücklich macht – zumindest nicht auf lange Sicht.

Ganz anders ist das bei Jesus. Wenn du ihn – durch den Glauben – in dein Leben aufnimmst, bekommt dein Leben einen wahren Sinn. Er wird dir die volle Erfüllung deines Herzens und Frieden mit Gott schenken.

Jesus Christus ist für mich und dich am Kreuz gestorben, obwohl er ohne Sünde war. Am Kreuz hat er unsere Schuld auf sich genommen und den Zorn Gottes, den wir verdient hätten, über sich ergehen lassen. Durch seinen Tod und seine Auferstehung hat er uns vollständig mit Gott versöhnt.

Diese Tatsache macht mich unabhängig von meinen Lebensumständen – und dich genauso. Ob es gut oder schlecht läuft, ob ich gewinne oder verliere, ich weiß, dass Jesus mein Retter ist und ich die Ewigkeit mit ihm verbringen darf.

Diese Erkenntnis und die daraus resultierende Beziehung zu Gott ist der größte Sieg meines Lebens.

Einwurf Nr. 2: Es gibt keine Zufälle

Von Arndt Waldschmidt – Polizeibeamter & Schalke-04-Fan

Hallo, mein Name ist Arndt Waldschmidt und ich bin anno 1968 geboren, genauer gesagt, am 09. Februar. Das Folgende ist meine kleine Episode, die ich als Einwurf ins Spiel bringe.

In meiner Kindheit und Jugend spielte der Fußball eine große Rolle für mich. Kaum war ich aus der Schule nach Hause gekommen, verabredete ich mich schon mit den Freunden zum Fußballspielen. Der Schulranzen flog in die Ecke, schnell aß ich zu Mittag und schon ging es nach draußen. Dort spielten wir auf der Straße, gegen unser Garagentor, die Nachbarsmauer oder auf einer Wiese.

Meine Mutter arbeitete gegen 14.00 Uhr in einer Bäckerei, später in einem Bekleidungsgeschäft. Dort traf sie ab und zu die Mütter meiner Klassenkameraden, die ihr dann mitteilten, wieviel Hausaufgaben wir wieder aufhatten. Da ich den ganzen Tag draußen war, war natürlich wenig Zeit für Hausaufgaben. Mit einigen wenigen Tricks konnte ich meine Mutter jedoch besänftigen.

Mein Vater spielte selbst Fußball und schien etwas mehr Verständnis für meine Freizeitaktivität zu haben. Jedenfalls blieb er abends ruhig, wenn es mal wieder um die Hausaufgaben ging.

Irgendwann gewann mein Papa als Torschützenkönig eines Hallenturniers ein eingerahmtes Bild der 76er Mannschaft von Schalke 04. Da er selbst glühender Eintracht-Frankfurt-Fan war, fragte er sich, was er mit dem Bild machen sollte. Mein Onkel, der auch mitspielte und Schalke-Fan war, sagte zu meinem Vater, dass er das Bild mir schenken solle. Dies sei Bestimmung von oben. Ab diesem Zeitpunkt hing das Bild über meinem Bett und ich hatte als Achtjähriger in Klaus Fischer, Rüdiger Abramczik und nachher Olaf Thon meine großen Idole.

Meine Mutter ist Christin und hatte immer Bedenken, dass mein Vater mich im heimischen Fußballverein Oranien Frohnhausen anmelden würde. Sie glaubte damals noch, dass sich Fußball und Christsein nicht miteinander vertragen. Trotz dieser Bedenken war es dann irgendwann soweit und ich fing in der E-Jugend an zu spielen. In den Jugendmannschaften machte ich dann durch einige Tore auf mich aufmerksam, so dass ich mit 17 Jahren schon in der 1. Mannschaft (heute Landesliganiveau) spielen durfte. Parallel ging ich aber auch in unseren CVJM und bin noch heute (trotz Fußball) ein gläubiger Mensch, der an Gott festhält.

Dadurch, dass ich auch mit 17 Jahren bei der Polizei in Kassel anfing, eine Freundin hatte (Martina wurde auch meine Ehefrau, mit der ich im 32. Jahr verheiratet bin), wurde es immer schwieriger Freunde, Fußball, CVJM und Polizei unter einen Hut zu bringen. Mit Gottes Hilfe gelang es mir, und ich konnte noch in der Rheinlandliga kicken und einige Mannschaften trainieren.

Auch meine Leidenschaft für Schalke 04 blieb, und mein Freund Ralf und ich schafften es, trotz ausverkauften Stadions, einen Platz im alten Parkstadion zu ergattern, um damals die „Eurofighter" bei einem UEFA-Heimspiel zu verfolgen.

Da im Leben nicht alles glatt läuft und meine Familie und ich auch tiefere Täler durchschreiten mussten, beschloss ich 2018 eine Israel-Reise zu unternehmen. Hierzu gab mir ein ehemaliger Klassenkamerad einen Flyer, wo mit einer Männerreise nach Israel geworben wurde. So richtig hatte ich mich hierfür noch nicht entschieden, traf aber dann „zufällig" (es gibt keine Zufälle) meinen ehemaligen Polizeiausbilder Gerhard WITTIG in einem Kaufhaus. Mit ihm kam ich ins Gespräch und er erzählte mir, dass er im April 2018 nach Israel reisen möchte. Bei dieser Reise war er Mitveranstalter, und es ging genau um die Reise, zu der ich den Flyer bekommen hatte. Zu Hause schaute ich mir das Angebot nochmal genauer an und meldete mich dann für die Reise mit Michael Stahl an. Es war eine tolle Reise, obwohl ich zunächst niemanden kannte. Aber ich durfte neue Freunde kennenlernen und ebenso meinen Glauben vertiefen.

Auch während der Reise ging es mitunter um das Thema Fußball. Da noch ein Schalke-Sympathisant mitfuhr (Peter Neuer, der Vater unseres Nationaltorwarts Manuel Neuer) und wir uns gleich auf einer Wellenlänge befanden, konnte er mir einen Kontakt mit Olaf Thon vermitteln, um mit meinem Heimatverein Oranien Frohnhausen gegen die Traditionsmannschaft von Schalke 04 zu spielen. Michael Stahl gab mir auf der Reise zu verstehen, dass, wenn dieses Spiel stattfinden sollte, er auf jeden Fall auch nach Frohnhausen käme.

Irgendwann rief mich Olaf Thon zu Hause an und wir machten dieses Spiel aus. Es war ein tolles Wochenende im Frühjahr 2019, wo Michael mit Familie kam und wir Glauben mit Fußball kombinieren konnten. Zunächst veranstalteten wir einen Gottesdienst im Kirchenhof. Am nächsten Tag spielten wir gemeinsam mit Freunden gegen Schalke 04 mit meinen Idolen Olaf Thon, Klaus Fischer und Rüdiger Abramczik. Auch Peter Neuer durfte nicht fehlen.

Meine Erkenntnis: Dass sich Glauben und Fußball, oder auch Sport generell, sehr gut ergänzen und miteinander vereinbaren lassen.

Dritter Einwurf: Sehnsucht

Von Wolfgang Gröber – Innenarchitekt & BVB-Fan

Ich habe dieses fürchterliche Geräusch noch immer in den Ohren: Meniskus gerissen – Innenband gerissen. Alle meine Fußballträume waren innerhalb eines Augenblicks ausgeträumt.

Eine Odyssee mit mehreren OPs und unzähligen Therapien endete mit diesem niederschmetternden Fazit: Ich kann nie wieder Fußball spielen. Ich war 16 Jahre alt, aber das Schlimmste war für mich: Ich gehörte nicht mehr dazu. Ich war draußen. Meine Seele schrie: „Ich will dazugehören!" Diese Sehnsucht verfolgte mich ein Großteil meines Lebens.

Meine ersten Kickstiefel … Ich war unglaublich stolz, als ich mit neun Jahren das Kicken im Verein begann. Den Fußballdress mussten meine Eltern noch selbst bezahlen. Doch ich gehörte dazu.

Ich war zu dieser Zeit ein sehr schüchterner Junge, und deshalb hatten mich einige meiner Mannschaftskameraden in ganz besonderer Weise im Visier.

„Duschen! Nackt! Alle!" Diese Worte waren wie Peitschenhiebe für mich. Ich wusste genau, was auf mich zukam. Das gemeine „Fitzen" des Handtuchs auf meinem Hintern spüre ich innerlich noch heute. Das hämisches Lachen der anderen trieb mir die Tränen in die Augen.

Dieses Lachen war schlimmer für mich als der körperliche Schmerz. Ich schämte mich. Ich wurde meiner Würde beraubt. Trotzdem … Ich wollte dazugehören!

Mein Start ins Leben war alles andere als gut gewesen. Von meinen Eltern weiß ich, dass ich tot, beziehungsweise leblos auf dieser Welt ankam. Reanimation – kaltes Wasser im Wechsel mit warmem Wasser – war wohl die Möglichkeit, um mich ins Leben zu holen. Dann doch: der erste Schrei.

Hier bin ich! Ich wollte dazugehören.

Heute weiß ich, dass dieses Geburtstrauma mein Leben über eine sehr lange Zeit unterschwellig bestimmte. Verlustängste,

Tod, Sucht und Armut waren in den verschiedensten meiner Lebensstationen meine Begleiter, die mir nicht fremd waren.

„Was ist eigentlich in deinem Leben passiert?" Diese Frage eines mir bis dahin völlig unbekannten Mannes sollte mich auf meinen Weg der inneren Heilung führen. Viele seelsorgerliche und therapeutische Gespräche waren sehr herausfordernd für mich. Doch ich wollte frei sein. Diese ständigen Begleiter sollten keine Macht mehr über mich haben.

> *Wie man Eisen durch Eisen schleift, so schleift ein Mensch den Charakter eines anderen.*
> *Wer seinen Feigenbaum pflegt, kann die Früchte ernten; wer sich für seinen Herrn einsetzt, der findet Anerkennung.*
> *Im Wasser spiegelt sich dein Gesicht, und durch die Menschen um dich herum erkennst du dich selbst!*
> (Sprüche 27,17-19 HFA).

Ich lernte zu vertrauen ... Meinem Gott Jesus Christus, den Menschen und mir selbst. Ich gehöre dazu. Das wurde mir klar. Ich bekam meine Würde zurück.

Übrigens: Ich bin seit meinem zwölften Lebensjahr BVB-Fan. Da wird man schon sehr leidensfähig. Na ja, die Hoffnung stirbt zuletzt, und diese Sehnsucht bleibt.

Einwurf Nr. 4: Das „Aschenbahn-Syndrom"

Von Uwe Beck, Gewaltpräventions-Pädagoge & HSV-Fan

Genauso ist es mit unserer Zunge. *So klein sie auch ist, so groß ist ihre Wirkung! Ein kleiner Funke setzt einen ganzen Wald in Brand* (Jakobus 3,5 HFA).

Da stand ich: am Startblock auf der Aschenbahn. Ein kühler Herbstabend, links und rechts ein Vereinskamerad unseres Fußballvereins. Sprinttraining war auf dem Plan. Das erste Mal, dass mein Papa mit zum Training gekommen war.

Ich glaube, dass jeder Junge auf der Welt seinen Papa stolz machen möchte, und egal, wie es um die Beziehung zueinander steht, scheint dies genetisch verankert zu sein.

Leider gab es in meiner Kindheit sehr viel Streit zwischen meinen Eltern, was mich sehr belastete und nächtelang nicht in den Schlaf kommen ließ, da ich Angst hatte, dass mit Mama etwas passieren könnte, während ich schlief. Mein Stress-Angst-Pegel war gefühlt dauerhaft am Anschlag, was sich auf die psychische und körperliche Befindlichkeit auswirkte. Oft wünschte ich mir, dass sich meine Eltern trennten, um zu Hause zur Ruhe kommen zu können. Mama wollte aber das „Ansehen nach außen" nicht ramponieren und hielt trotz heftiger Streitereien tapfer durch. Meine Schwester steckte die Situation deutlich leichter weg und schien es einfach besser zu verkraften.

Es war mir immer ein großes Anliegen, Papa zu gefallen, obwohl ich vor seinen Wutausbrüchen extreme Angst hatte. Wenn er in seinem Sessel eingeschlafen war, machte ich ihm kleine Brot- bzw. Wurstsnacks, um ihn beim Erwachen friedlich zu stimmen, was leider auch nicht immer gelang.

Beim Schreiben dieser Zeilen habe ich ein etwas schlechtes Gewissen und das Gefühl, meinen Papa, der nur 58 Jahre alt werden durfte, schlecht darzustellen. Er verstarb an Kehlkopf- und Lungenkrebs.[1]

Papa, und das ist ein anderes Thema, hatte in seinem Leben selbst schwere Baustellen zu bewältigen und konnte dies vermutlich niemandem sagen, und ich war ein Kind von nur acht Jahren und noch gar nicht in der Lage, ihm zu helfen, bzw. dies zu erkennen.

Doch ich weiß, dass Papa mich liebte, und ich ihn, egal was war. Aber leider war es mir erst an seinem Sterbebett möglich, ihm das zu sagen. Oft rede ich heute noch mit ihm, wenn ich an ihn denke, alleine bin, und sage ihm, wie sehr ich ihn liebhabe.

---

[1] Diese traurige Episode steht im Buch „Himmlisches Herzflüstern" (GloryWorld-Medien 2020) im Kapitel: Wenn Gott leise zu mir spricht.

Lasst uns das unseren Liebsten bitte zu Lebzeiten sagen, viele glückliche Stunden würde uns das schenken.

Doch zurück zum Startblock auf der Aschenbahn. Das Kommando des Trainers erfolgte und ich startete sehr gut, konnte die ersten 20 Meter meine Vereinskameraden sogar hinter mir lassen. Doch leider war mein Drang nach vorne am Start zu groß gewesen, so dass ich nicht mehr aus dieser vorgeneigten Haltung kam und fast stürzte. Ich wurde von beiden Kumpels überholt und im Ziel belächelt. Es beschämte mich sehr, da ich meinem Papa, der doch das erste Mal dabei war, besonders gefallen wollte.

Auf der Heimfahrt kam dann der Satz meines Vaters, der mir seit 50 Jahren anhaftet. Er sagte mit missbilligender Stimme:

„Ich habe heute nur einen Versager gesehen. Wie kann man nur so losrennen …" (Der Wortlaut mag etwas von der Aussage abweichen, nicht aber die Botschaft.)

Seine Enttäuschung über mich war grenzenlos, das spürte ich sehr deutlich. Er schwieg während der Heimfahrt, und ich schämte mich zutiefst, fühlte mich elend und als Versager. Was können Worte in Menschen auslösen?! Völlige Verunsicherung über meine Person machte sich in mir breit, und ich war nicht mehr fähig, bei einem offiziellen Spiel eine auch nur annähernd gute Leistung zu bringen.

Sobald wir unter Freunden auf dem Bolzplatz waren, wo es um nichts als den Spaß ging, war ich ein super Spieler, der immer als erster in eine Mannschaft gewählt wurde, wenn es um die Zusammenstellung des Teams ging. Doch bei offiziellen Spielen: ein Totalverlust.

Diese Botschaft, nichts zu können, andere zu enttäuschen und mich selbst dabei zu blamieren, prägte mich – an manchen Tagen noch bis heute. Wie wertvoll sind dagegen die erbauenden Worte eines Vaters, und was können diese für die Entwicklung und das ganze Leben bedeuten!

Der psychische Schmerz ist größer als der körperliche, denn letzterer vergeht! Ich wurde tatsächlich ziemlich unempfindlich, was allerdings nur den körperlichen Schmerz betraf. Ja, fast schien es mir Spaß zu machen, wenn ich im Spiel übelst „umgesäbelt" wurde und keine Miene dabei verzog, um das erstaunte, fast bewundernde Nicken der anwesenden Zuschauer als Anerkennung meiner Zähigkeit zu werten. Wenn man mich schon nicht ernst nahm, so dachte ich, sollten sie wenigstens meinen Kampfgeist und meine Schmerzunempfindlichkeit sehen, mich wenigstens dafür achten. Im Grunde genommen wollte ich nichts anderes als ein Stück Anerkennung und Wertschätzung. Dafür riskierte ich oft im Leben „Kopf und Kragen". Auch teilte ich ordentlich aus, ging bei allen meinen sportlichen Aktivitäten immer an die physische Grenze. Ich wollte die Selbstbestätigung, dass ich etwas wert bin.

Wie wenig kennen wir doch unseren Wert vor unserem HERRN Jesus, und wie sehr sind wir damit beschäftigt, der Welt zu gefallen?!

Sehr viel später, als ich Jesus in mein verkorkstes Leben ließ, erkannte ich die Last, die er – Gott selbst – auf sich genommen hat, um uns zu retten! Verspottet, verlacht und verhöhnt, gefoltert bis zum Tod am Kreuz, und dennoch für seine Peiniger bittend: „Vater vergib ihnen, denn sie wissen nicht, was sie tun!"

Noch oft habe ich darüber nachgedacht, was dieser damalige Satz meines Vaters in mir auslöste ... und manchmal immer noch auslöst! Wie schön, dass ich die Gelegenheit habe, unserem 17-jährigen, körperlich und geistig behinderten Sohn täglich zu sagen, wie sehr ich ihn liebhabe und dass ich stolz auf ihn bin.

Entscheidend ist und bleibt, geliebt zu sein und deshalb selbst lieben zu können – in einer Bewegung der Liebe, die niemals aufhört, weil Gott ihr Initiator und ihr Beweger ist.

Deshalb: „Die Liebe hört niemals auf."

Nun aber bleiben Glaube, Hoffnung, Liebe, diese drei; aber die Liebe ist die größte unter ihnen (1. Korinther 13,13 ELB).

Letzter Einwurf: Grobes Foulspiel

Von Colin Bell – Nationaltrainer der Frauen-
Fußballnationalmannschaft von Südkorea

Ich spiele seit Jahren in der Traditionsmannschaft eines Bundesligavereins. Vor einiger Zeit haben wir im Kreis Altenkirchen/Westerwald (meinem Heimatkreis) ein Spiel ausgetragen, um einen neuen Kunstrasen einzuweihen. Ich freute mich sehr auf das Spiel, unter anderem, weil Freunde und Bekannte im gegnerischen Team waren. Aber auch, weil ich in der Halbzeitpause ein kurzes Lebenszeugnis geben durfte, denn der Mitveranstalter war die Organisation „Sportler ruft Sportler" (ein christliches Sport-Missionswerk).

Die erste Halbzeit war vorüber. Wir führten und es hat großen Spaß gemacht. Ich gab, wie abgesprochen, ein kleines Interview darüber, wie ich 2004 Jesus kennen und lieben gelernt hatte. Wie er mich gerettet hat, und dass diese Rettung für jeden Menschen möglich ist. Wie er mir ein neues Herz geschenkt hat – ein Herz voll Liebe und Dankbarkeit.

Die zweite Halbzeit begann. Wir waren im Angriff. Ich sah die Gelegenheit, mich freizulaufen, um selbst ein Tor machen zu können; mein Ehrgeiz war sichtbar. Doch in dem Moment, als ich eine perfekte Flanke von links einköpfen wollte, riss mich von hinten ein Gegenspieler herunter. Es war ein klarer Elfmeter. Allerdings ließ der Schiri weiterspielen!! Unglaublich! Ich spürte nur Wut und merkte mir die Nr. 4 des Gegners.

Sekunden später bekam die Nr. 4 den Ball. „Jetzt bist du dran, Freundchen!", dachte ich mir. Ich grätschte ihn nieder. Das Foul war so hart, dass der Spieler nicht weiterspielen konnte.

Dann dachte ich mir: Colin – was hast du getan 😵?! Minuten zuvor hatte ich noch von Jesus und seiner Liebe gesprochen. Und jetzt???

Das Spiel war aus. Wir hatten 4:2 gewonnen, aber ich war sehr betrübt.

Meine Kollegen in unsere Kabine machten sich lustig darüber: „Hey, der alte Colin ist wieder da, knüppelhart wie früher!"

Ich konnte darüber nicht lachen. *Ich habe Jesus enttäuscht,* war mein Gedanke, *bin kein gutes Beispiel.*

Dann kam ein Teamkollege auf mich zu, denn er fühlte meinen Gemütszustand: „Colin, Junge! Wat is los?", fragte er mich. Sogar unter der Dusche unterhielten wir uns, und ich erklärte ihm, warum ich down war; was Jesus für mich bedeutete, aber dass er noch viel Arbeit mit mir habe, wie man gesehen hatte.

Dann fing plötzlich mein Teamkollege an zu erzählen. Er sei sehr depressiv, und dass er seit einiger Zeit nur noch wenig Lebensfreude und kaum noch Lebensantrieb habe. Ich war geschockt. Ich erzählte unter der Dusche von Jesus. Wie wunderbar er ist. Später beim Essen schenkte ich meinem Freund eine Sportler-Bibel. Er blieb die ganze Zeit bei mir, was er vorher nie gemacht hatte.

Wir sind alle Sünder. Und leider fallen wir immer wieder hin. Doch auch, wenn wir untreu sind, Jesus ist immer treu! Er kann sogar aus jeder noch so üblen Situation etwas Gutes bewirken.

Ich habe mich natürlich bei der Nr. 4 entschuldigt. Und auch bei Gott. Ich möchte Jesus folgen und nicht mein sündiges altes „Ich" ausleben. Ich sehe mich selbst als ein Werkzeug Gottes. Meine Aufgabe ist, Samen zu säen, überall, wenn es sein muss, auch in einer Fußball-Umkleidekabine. Den Rest macht sowieso Gott! Ich weiß, dass ich bei meinem Freund und Team-Kollegen an dem Tag etwas gesät habe.

10 – Einzelkämpfer

Ich war mit meiner damaligen Freundin kaum ein paar Wochen zusammen, als ich sie motivieren konnte, gemeinsam mit einem Arbeitskollegen und mir wieder einmal in das Olympiastadion zu gehen. Sie selbst hatte mit Fußball nichts am Hut, ging aber wohl mir zuliebe mit zu diesem Spiel. Mein Arbeitskollege Ludwig, bekennender Schalke-04-Fan, nahm uns in seinem beigen Audi mit.

Es war Samstag, der 9. April 1988. 16 500 Zuschauer waren dort, und das Spiel endete 8:1 für „meine" Bayern. Meine Freude war groß, bei meinem Kollegen Ludwig hielt sie sich in Grenzen. Das letzte Tor an diesem Samstagnachmittag schoss mein alter Bekannter von einst, der Mann vom Möbelhaus: „Auge".

Es war ein kühler, verregneter Tag, und wir beeilten uns, zum Auto zu kommen, als vor uns auf einmal eine Hysterie ausbrach. Hunderte von sogenannten Fußballfans beider Mannschaften schlugen gegenseitig aufeinander ein und dazwischen jede Menge Polizeibeamte auf Pferden, die durch den Pulk der Menge ritten und mit ihren Schlagstöcken versuchten, die Fans voneinander zu trennen. Und meine Freundin und ich mittendrin. Ich legte den Arm um sie, nahm ihren und meinen Kopf in Deckung und rannte mit ihr durch die Wellen von Gewalt und Geschrei. In diesem Fall tat ich, was zu tun ist. Ich schützte das Leben meiner Freundin. Wir alle, du und ich, sollten Personenschützer sein, für uns selbst und für die Menschen, die uns am nächsten sind. Lasst uns mehr und mehr in unseren Familien aufeinander achten, in den Schulen, an den Unis, in den Vereinen, in den Gemeinden usw.; lasst uns Personenschützer sein. Lasst uns zu Engeln für den Nächsten werden. Vielleicht sind auch wir ein bisschen damit gemeint, wenn in Psalm 91 steht: *„Denn er hat seinen Engeln befohlen, dass sie dich behüten"* (V. 11).

1989 hatte ich alle Jugendmannschaften absolviert und kam in die erste Herrenmannschaft. Gleich beim ersten Spiel schoss ich ein Tor und wurde umjubelt. Meinen damaligen Trainer Horst mochte ich sehr gerne. Ein toller, ruhiger Mann! (Erst vor wenigen Wochen ist er gestorben, vielleicht lesen seine Kinder jetzt dieses Büchlein: Euer Papa schenkte mir große Wertschätzung, dafür bin ich sehr dankbar.)

Da ich allerdings nun ein paar Kilometer weit weg wohnte, ließ ich mich überreden, den Verein zu wechseln und fing woanders an zu kicken. Aber dort, wo ich dann war, kam ich nie wirklich an. In den ersten drei Spielen wurde ich stets eingewechselt und schoss jedes Mal zwei Tore, doch selbst beim vierten Spiel saß ich wieder auf der Reservebank. Ich verbrachte viel Zeit außen an der Seite, deshalb war ich wohl auch ein Außenseiter.

Was mir in meinem Herzen wehtat, war, dass Spieler, die oft nicht im Training waren, mir gegenüber bevorzugt wurden. Doch meinen Schmerz behielt ich für mich. Ich war es gewohnt, meine Kämpfe meistens alleine auszutragen. Auch wenn ich in einer festen Beziehung war, niemand außer Gott kannte mein Herz. Keinem Menschen zeigte ich meine Schmerzen, meine inneren Kämpfe, meine Zerrissenheit, meine unendliche Sehnsucht nach tiefem Frieden. Selbst hier „in der Fremde" kam mein Vater zu den Spielen. Ich wurde dadurch noch mehr ins Abseits gedrängt, als ich es sowieso schon war.

Eines Abends sagte mir ein Verantwortlicher des Vereins im angetrunkenen Zustand folgende Worte in größter Verachtung, zumindest habe ich es damals so empfunden: „Wir kennen dich und deinen Vater, und wir wissen, woher du kommst. Sei froh, dass wir dich aufgenommen haben!"

Stille umgab mich, bohrende, tiefgehende Stille betäubte und lähmte mein Herz und meinen Verstand. Niemandem erzählte ich damals davon. Ich vergrub diese weitere Verachtung tief in meinem Herzen und packte sie zu all dem anderen Müll, der sich dort mehr und mehr anstaute. So wurde der Müllberg in meinem Herzen immer größer und größer; und von dem, der mir angeboten hatte, mir den Müll meines Lebens abzunehmen, distanzierte ich mich mehr und mehr. Wieder ein Herzensbruch mehr und mein Herz wurde härter und immer härter. Vielleicht hat mein verletztes Herz den Mann auch ganz falsch verstanden, denn manchmal glauben wir zu wissen, was andere über uns denken, sind aber aufgrund unserer eigenen Gedanken enttäuscht und verletzt.

Ich wurde zum Einzelkämpfer und tauchte immer tiefer in die Welt des Kampfsports ein. Mit Fußball hörte ich auf, kickte nur noch ab und zu in der ein oder anderen Hobbymannschaft. Als wäre es ein Bild für meine inneren Kämpfe, wurde ich mehr und mehr in den verschiedensten Kampfsportschulen aktiv. Und ich ging zum Sicherheitsdienst, wohl auch, weil ich eine tiefe Sehnsucht nach Sicherheit hatte.

1993 heiratete ich und eröffnete meine damalige Selbstbehauptungsschule. Als ich meinem Vater sagte, dass ich eine solche Schule aufmache, meinte er: „Kein Mensch braucht so einen Blödsinn." Wieder einmal konnte ich es ihm nicht recht machen. 1994 wurde ich Vater eines wunderbaren Sohnes. Ich würde nun gerne schreiben „Papa", aber das war ich leider nicht. Getrieben vom Ehrgeiz sowie dem Müllhaufen meines Herzens und meiner Unsicherheiten, war ich die meiste Zeit unterwegs. Wenige Jahre später trennten sich seine Mama und ich wieder. Manuel hat eine wunderbare Mama und tolle Großeltern, und meine Mama ist ihm eine tolle Oma. Nach meiner Versöhnung mit Papa, durfte Manuel auch seinen anderen Opa noch mehr erleben.

Ab und zu kickten Manuel und ich im Garten. Auf mein Drängen spielte er eine kurze Zeit lang Fußball, und einmal holte ich ihn ab, um mit ihm ein wenig auf dem Sportplatz zu kicken. Doch dieser war wegen eines Trainings belegt. Freundlich fragte ich den Trainer, ob wir an der Seite ein wenig kicken könnten, und das durften wir dann auch. Allerdings spielten wir erst ein paar Minuten, als ich umknickte und mir einen Bänderriss zuzog.

Manuel hat mich die ersten dreizehn Jahre seines Lebens nicht weinen sehen; er hat nie gehört, wie ich über Schuld, Scham und Niederlagen sprach, bis Papa und ich uns versöhnten. In diesem Prozess der Versöhnung bat ich auch meinen Sohn und seine Mama um Vergebung. Ich blieb ein Einzelkämpfer bis zur Versöhnung mit Papa.

Mein Herz ist immer noch eine Baustelle und wird es wahrscheinlich auch bis zur letzten Sekunde meines Lebens bleiben. Aber ich habe Jesus in mein Herz eingeladen und ihm den Müll darin gegeben. Er arbeitet in und an meinem Herzen. Wenn Wunden entstehen, schmerzt es, und wenn sie heilen, oft auch. Ich bin seit dieser Zeit immer weniger ein Einzelkämpfer, ab und zu noch, und wenn die alte Natur, das alte Leben mir manchmal noch zu schaffen machen. Aber ich weiß doch, zu wem ich gehöre und dass ich nie mehr allein sein werde.

Die Worte des Mannes von einst: „Wir kennen dich und deinen Vater, und wir wissen, woher du kommst ...", verblassen gegenüber dem, was Gott mir sagt (und auch dir):

Sieh, ich habe dich in meine Handflächen gezeichnet
(Jesaja 49,16).

Ich habe dich schon immer geliebt (Jeremia 31,3).

Gott hat es uns einst versprochen und er hält Wort. Auf ihn kann man sich verlassen. Er ist treu, auch wenn wir untreu sind. Er hat sein Versprechen eingelöst:

Und ich werde euch ein neues Herz geben und euch einen neuen Geist schenken. Ich werde das Herz aus Stein aus eurem Körper nehmen und euch ein Herz aus Fleisch geben (Hesekiel 36,26).

11 – Eigentore

Durch den großen Mangel an Liebe und die viele Ablehnung dachte ich, es ist besser, alles mit mir alleine auszumachen; kaum mehr etwas anzunehmen, um nichts vorgeworfen zu bekommen; nie richtig jemanden an mein Herz heranzulassen, damit mir niemand zu nah kommt und weh tut. Wie hieß es zu Zeiten der Pandemie: „Abstand ist die neue Nähe." Ich habe oft mit großem Abstand im Abseits gestanden und mir selbst und vielen anderen dadurch wehgetan. Natürlich ist Abstand in gewissen gefährlichen Situationen notwendig, aber es darf niemals ein Lebenskonzept sein. Denn Abstand bedeutet Einsamkeit, und ich habe schon öfters gehört, dass Einsamkeit Todesursache Nummer eins auf dieser Welt ist. Aus Einsamkeit entstehen viele körperliche und seelische Erkrankungen. Die Einstellung „Ich mach alles mit mir selbst aus" wurde zu einem schlimmen Eigentor in meinem Leben.

Zudem hatte ich den Ehrgeiz, meinem Vater zu zeigen, dass er Unrecht mit seiner Prophezeiung habe, dass aus mir nichts werden würde. Neben meiner alltäglichen Arbeit leitete ich noch meine Kampfsportschule; und dazu fing ich an, mich im Sicherheitsdienst zu beweisen. Ich war rastlos. Diese falsche Motivation war ein weiteres Eigentor in meinem Leben. Als ich 2002 Muhammad Ali beschützte, fragte ich im Anschluss einen Freund meines Vaters, wie mein Vater über mich denkt, und er antwortete mir: „Dein Vater ist stolz auf dich!" Nachdenklich und verwundert antwortete ich: „Mir hat er das nie gesagt." Wobei diese Antwort gar nicht korrekt war, denn früher, als ich noch Tore geschossen hatte, da war er stolz gewesen und hatte das auch über den ganzen Sportplatz geschrien, sodass jeder es hören konnte. Aber jetzt, da ich keine Tore mehr schoss, hörte ich nie mehr, dass er stolz auf mich sei.

Drei Dinge machte Papa als Vater in meinen Augen falsch:

1. Er arbeitete Zeit meines Lebens nie.

2. Er war gewalttätig.

3. Er hat getrunken.

Ich tat alles, um nicht dieselben Fehler zu machen. Mein Augenmerk auf diese drei Punkte war so groß, dass ich gefühlt 1000 andere Fehler machte und nicht bedachte, was der Wille Gottes für uns alle ist, nämlich dass wir alle Dinge in Liebe geschehen lassen sollten. Mutter Teresa sagte einst, dass es nicht darum gehe, stets Großartiges zu tun, sondern das Kleine mit großer Liebe zu tun.

Darum hat uns Jesus aufgefordert, indem er sprach:

So gebe ich euch nun ein neues Gebot: Liebt einander. So wie ich euch geliebt habe, sollt auch ihr einander lieben. Eure Liebe zueinander wird der Welt zeigen, dass ihr meine Jünger seid (Johannes 13,34-35).

Ich kam diesem Gebot Jesu nicht nach – eines der schlimmsten Eigentore meines Lebens.

Warum sind das Eigentore? Ich möchte dir das kurz aus meinem Herzen heraus schildern. Als meine Familie 2010 diesen grauenhaften Autounfall hatte, da hat es uns den Boden unter den Füßen weggerissen. Viele Menschen kamen uns zu Hilfe. Sie haben gekocht, gebacken, gewaschen, gebügelt und in den Gemeinden für uns gebetet.

Viele Jahre später besorgte ich mir 300 Rosen. Es war Muttertag. Ich schnappte mir meine kleine Tochter und meine noch kleinere Nichte, und wir zogen mit 300 Rosen bewaffnet los. Jeder Dame, die uns entgegenkam, schenkten wir eine Rose. In der Kirche wurden Rosen verteilt, an den Haustüren und zum Schluss gingen wir ins Altersheim. Etliche der Damen strahlten vor Glück, manche weinten und meinten, dass ihre

Kinder und Enkelkinder nicht mehr oder kaum noch kommen. Na ja, vielleicht sind wir zu sehr damit beschäftigt, uns selbst zu verwirklichen, mit zu vielen Selbstfindungsprozessen, bzw. suchen wir zu viel Selbsterfüllung. Doch zu viel SELBST ist letztendlich die Garantie für Einsamkeit; und … da war doch was? Ach ja: Einsamkeit ist die Todesursache Nummer eins. Wir sollten viel, viel mehr im „wir" und im „uns" denken. Mit jeder Rose, die wir schenkten, machten wir uns selbst die größte Freude. Im Anschluss strahlten die beiden Mädels mich an und fragten: „Es war sooooo schön! Wann machen wir das wieder?"

Wer Freude schenkt, beschenkt sich selbst mit einer noch größeren Freude. Der Umkehrschluss: Wenn wir gemein und hartherzig sind, immer und immer wieder nur unser eigenes Ding machen und uns lediglich um uns selbst drehen, verletzen wir. Ja, wir verletzen andere; aber der Mensch, den wir zuallererst verletzen, das sind wir selbst. Jedes lieblose Wort, jede Hartherzigkeit, jedes Lästern, jede Handlung ohne Liebe ist letztendlich ein Eigentor, und das drängt uns außerdem immer noch mehr ins Abseits des Lebens.

Ich möchte ins richtige Tor schießen und meinem himmlischen Papa eine Freude machen. Ich möchte ein Teamspieler sein, der treu und zuverlässig ist; der nicht nur sein eigenes Ding macht, sondern zur rechten Zeit den Ball abgibt; der sich für und mit anderen freut – der sein Bestes für sein Team und seinen Trainer gibt. Ich möchte ein Spieler sein, der sich nicht wegduckt, der fair spielt und seinen Gegnern mit Respekt begegnet.

Ach ja, ein einziges Eigentor auf dem Fußballfeld schoss ich tatsächlich auch: Es war in Aufhausen auf dem Tonnenberg; ich wurde angeschossen und konnte eigentlich gar nichts dafür – eigentlich ☺ …

Na ja, wenn ich ganz genau darüber nachdenke, gab es da noch ein zweites „halbes Eigentor", aber davon erzähle ich später. Die Geschichte ist mir ein wenig peinlich, dafür brauche ich einen größeren Anlauf …

12 – Manndeckung

Oft erteilte mein Jugendtrainer Wolle mir einen Spezialauftrag für ein Spiel. Einige Mannschaften hatten diverse Ausnahmespieler, und die sollte ich in Manndeckung nehmen. Sein Auftrag lautete ungefähr so: „Micha, du bleibst an diesem Spieler dran. Egal wohin er geht, weiche nicht von seiner Seite! Und wenn er zum Pinkeln raus geht, dann gehst du mit!" So Wolfgangs Worte Anfang der 80iger. Er gab mir diese Spezialaufträge, weil er um meine gute Kondition wusste. Ich war einer der Spieler, die kaum oder am wenigsten rauchten. Viele von uns qualmten heimlich, und einer der Jungs paffte sogar einmal eine Zigarre. Ich werde nie sein Gesicht vergessen: Es nahm sämtliche Farben an, und dann wurde meinem Mannschaftskollegen schlecht und er rannte nach Hause. So eine Zigarre ist halt nichts für einen kleinen Hosenschei...er 😊.

Ich muss so elf Jahre alt gewesen sein, als ich mit einem Freund mal wieder heimlich auf einer Wiese paffte. Nebenher zündelten wir noch, und auf einmal brannte es so sehr, dass wir es nicht mehr unter Kontrolle hatten. Als wir feststellten, dass da nichts mehr zu machen ist, ergriffen wir die Flucht. Ja, ich bekenne: Ich habe auch schon mal eine Wiese angezündet. Selbst dieses Vergehen habe ich vor zwei Jahren unserem örtlichen Feuerwehrchef gebeichtet. Er quittierte mein sehr spätes Geständnis mit einem Lächeln. Ah, ich komme vom Thema weg.

Manndeckung war mein Auftrag, da konnte man sich auf mich verlassen. Zum Toreschießen kam ich dafür immer weniger, aber ich wollte wenigstens meinen Trainer und die Mannschaft nicht enttäuschen.

Diese Eigenschaft als Manndecker konnte ich dann im Personenschutz prima anwenden. Dabei wich ich den wichtigen Leuten (und jenen, die sich dafür hielten) nicht mehr von der Seite. Oft stand ich im Scheinwerferlicht, wenn die Promis fotografiert wurden, und irgendwie hoffte ich, dass ein wenig von dem Glitzern und der Bewunderung auf mich fallen würde. Wie nach einem Festmahl, von dem man im Anschluss dem Hund die Knochen hinwirft. Irgendwie hoffte ich, irgendwo dazuzugehören, und insgeheim hatte ich die Sehnsucht, dass Papa mich sehen würde und stolz auf mich wäre.

Aber einer sieht dich und mich immer, sogar bis tief in unsere Herzen. Ich glaube, dass es unsere tiefe Sehnsucht ist, gesehen zu werden – angesehene Leute zu sein. Deshalb vielleicht unser vielfältiges Tun in den sozialen Netzwerken. Vielleicht rasen auch deswegen manche durch die Straßen – doch je schneller sie rasen, umso kürzer sieht man sie. Vielleicht pumpen sich deshalb manche so auf, um noch mehr gesehen zu werden. Vielleicht tragen wir deshalb besondere Kleidungsstücke oder gerade besonders wenig davon, um Aufmerksamkeit zu ergattern.

Hier die Botschaft an dich (und für mein Herz gleich mit): Gott sieht und liebt uns, und nur ER kann und möchte uns das geben, was unser Herz wirklich braucht, wonach es sich wahrhaftig sehnt, den wahren Frieden, den die Welt uns nicht geben kann. Und dieser ist mehr als das „bisschen Frieden", von dem die Sängerin Nicole gesungen hat. (Sie durfte ich 2004 auch mal beschützen.)

Der Drang nach eigener Sicherheit und nach Bedeutung machte mich rastlos. Statt mit meinem Sohn Abenteuer zu erleben, stürzte ich mich selbst in irgendwelche Abenteuer und schoss ein Eigentor nach dem anderen. Die Summe meiner Niederlagen häufte sich, der Müllberg auf meinem Herzen wurde schwerer.

Ein Event jagte das andere. Ich war ein Getriebener, wie so oft in meinem Leben. In einem Hotel traf ich 2003 den damaligen Trainer von Austria Wien; gemeinsam mit ein paar anderen hatten wir ein gemeinsames Abendessen. Ich kannte ihn von der Sportschau her, ein gewisser „Jogi Löw", der später unser Nationaltrainer wurde und mit der deutschen Nationalmannschaft sogar Weltmeister.

Zuvor (1999) hatte ich noch das Vergnügen gehabt, eine kurze Zeit mit der deutschen Fußball-Nationalmannschaft zu verbringen. All diese Erlebnisse habe ich nicht mir selbst zu verdanken, sondern anderen, die es gut meinten, obwohl es tausend bessere Bodyguards gegeben hätte. Auch als ich 2002 Muhammad Ali schützen durfte, lag das nicht an meinem Können, sondern an der Gnade Gottes, den ich als kleiner Junge schon gebeten hatte, dass ich Ali mal persönlich sehen darf.

Und dann durfte ich einen ganz besonderen Mann beschützen, der sich selbst gar nicht so besonders fand. Ein ganz natürlicher, freundlicher und bescheidener Mensch. Bevor ich seinen Namen sage, eine kleine Wortspielerei. Als ich mit Mama einmal in einem Restaurant war, stand sie auf und ich fragte sie: „Wohin gehst du?" Ihre Antwort lautete: „Dorthin, wo der Kaiser zu Fuß hingeht." Für die Jüngeren unter uns: Mama meinte damit, dass sie zur Toilette ginge. Und ich leite mit diesem Hinweis auf einen anderen „Kaiser" über: Franz Beckenbauer.

Zweimal durfte ich den „Kaiser" auf private Feiern begleiten. So ein angenehmer, toller Mensch. Ich glaube, er behandelt die Putzfrau eines Unternehmens genauso wie den Geschäftsführer. Bei einer der Veranstaltungen fragte er mich (fast schüchtern), wo denn die Toilette sei? „Da gibt es zwei, Herr Beckenbauer, eine für die VIP-Gäste und eine für die normalen Leute", so oder so ähnlich antwortete ich, und er lächelte mich an und sagte: „Bitte die Toilette für die normalen Leute!" Und so lief ich mit dem Kaiser zum Klo. Mama, falls du das hier liest: Der Kaiser geht wirklich zu Fuß aufs Klo – du hattest Recht ☺.

Nie werde ich vergessen, was dann geschah. Ich lief schräg vor dem Kaiser her, in absoluter Manndeckung. Nebenher muss ich an meinen Jugendtrainer denken, wie er immer schrie: „Bleib dran, Micha! Und wenn er zum Pinkeln geht, dann geh ihm hinterher!" Ich blieb dran, auch als der Kaiser

Richtung WC lief. Der Toilettenraum war überfüllt, ein dichtes Gedränge herrschte, und der Kaiser reihte sich demütig in der Schlange der Wartenden ein wie alle anderen auch, bis eines der Pinkelbecken frei wurde. Ich stand ein paar Meter entfernt und musste schmunzeln (auch jetzt beim Schreiben). Neben ihm stand ein etwa 30-jähriger Kerl, der seinen Kopf zur Seite neigte und voll Erstaunen ausrief: „Ja servus, Franz! Ja gibts denn so was? Franz Beckenbauer ... hier ...!" Der Kaiser fing an zu lachen und erwiderte mit einem „Ja, servus!" Der Pinkelnachbar des Kaisers konnte sein Glück kaum fassen, und ich hatte schon Sorge, dass er vor lauter Begeisterung nicht nur den Kopf, sondern seinen ganzen Körper drehen würde ...

Was für ein kurioser, aber liebevoller Moment. Der Kaiser war auf einer normalen Toilette, bei den einfachen, normalen Leuten. Irgendwie weiß ich immer noch nicht so recht, was eigentlich normal oder unnormal bedeutet. Bin ich normal oder unnormal? Wer bestimmt das eigentlich, was normal ist und was nicht? Die beiden gingen zum Händewaschen und einige klinkten sich in die Begeisterung der beiden mit ein. Franz genoss es sichtlich an diesem Abend, ich spürte es. In diesen jetzigen Tagen entnehme ich den Medienberichten, dass es ihm gar nicht gut geht. Ich werde für ihn beten und bin Gott dankbar, dass ich mit „dem Kaiser zu Fuß" zur Toilette gehen und dort mit ihm und einigen andern lachen durfte.

„Ein Lächeln ist ein kleines Evangelium, ein Stück vom Himmel", sagte mir einmal lächelnd ein lieber Mensch.

13 – Tunnelblick

Ich war darauf fokussiert, es der Welt, meinen früheren Peinigern und meinem Vater zu zeigen. Alle, die mir Schmerzen zugefügt, die Schlechtes über mein Leben prophezeit hatten, sollten sehen, dass sie im Unrecht waren. So kämpfte ich verbissen, sowohl im Training als auch im Job, der keine Berufung war, sondern eher ein Fluchthelfer.

Verlieren, nachgeben? Das gab es so gut wie gar nicht. So stürmte ich Jahre durchs Leben und übersah so viele in meiner Nähe, denen ich hätte den Ball zuspielen sollen. Personenschutz, Veranstaltungsschutz, nachts noch Objektschutz und dann das Training für Selbstschutz – immer ging es ums Schützen, Schützen, Schützen. Mein Herz war so verletzt und unsicher, dass es nach Sicherheit schrie. In Wahrheit rief es nach Gott. Doch ich ignorierte meine wahren Sehnsüchte und jagte falschen Zielen, falschen Göttern hinterher. Das Bild von Jesus, den ich aus meiner Kindheit kannte, verblasste von Jahr zu Jahr mehr in mir. Ich war ein Getriebener, stets auf der Flucht. Ein Jugendlicher fragte mich mal, ob ich denn ein Flüchtling gewesen sei. Was für eine Frage, so berechtigt sie doch eigentlich war ...

Während ich diese Zeilen eintippe, ist es früh am Morgen. Ich musste eben meine Medikamente einnehmen, welche ich seit meinem Herzinfarkt 2018 benötige. Mein kaputter Lebensstil hat nicht nur viel an Beziehungen zerstört, sondern auch meinem Körper, meinem Herzen großen Schaden zugefügt. Es waren zu viele Eigentore, die ich in meinem Leben schoss. Zu oft habe ich nicht auf mein Herz gehört, auch kaum auf den, der sich mit dem Leben am besten auskennt, der mir das Leben

schenkte, der selbst das Leben ist. Die Bibel, die Gebrauchsan-
leitung des Lebens, in der das Regelwerk des Lebens aufgeschrieben ist, interessierte mich nicht. Ich wollte ohne ihn, der
das Leben selbst ist, das Wagnis des Lebens erfahren. Doch es
ist kein wahres Leben ohne Jesus.

Ich wollte mich selbst verwirklichen, aber: *Wer bin ich?* Ich
hatte keine Ahnung, wer ich war, ein verletzter Kerl in einer
verletzten Welt. Nein, heute möchte ich mich auf keinen Fall
mehr „selbst verwirklichen". Ich möchte, dass durch jede Pore,
durch jedes Knopfloch die Liebe Jesu aus mir herausstrahlt.
Ich möchte ganz und gar weg vom „Selbst – Selbst – Selbst".
Jesus soll sich mehr und mehr durch mich und mein Leben
verwirklichen dürfen.

Er muss immer größer werden und ich immer geringer
(Johannes 3,31).

Dies war die Erkenntnis von Johannes dem Täufer. Der
Schmerz und mein Egoismus trieben mich dazu, genau an-
dersherum zu leben. Als ich ein kleiner Bub war und mit meiner Oma betete und in die Kirche flüchtete, da hatte Jesus
einen größeren Platz in meinem Leben. Doch mit dem Tod
meiner Oma und durch viele andere Geschehnisse warf ich
Jesus mehr und mehr aus meinem Dasein; er wurde weniger
und das Ego größer. Ich möchte nie wieder so leben, und ich
bitte Jesus darum, dass ER nun größer und größer in mir wird,
und der alte Michael Stahl geringer und geringer.

Ohne meinen Lebensstil großartig zu hinterfragen, stolperte
ich hastig durch die Jahre. 2002 war ich Personenschützer für
Muhammad Ali und 2005 noch einmal. Es hätte Tausende bessere als mich gegeben, aber Gott wollte es wohl so. Mein Vater
muss damals vielen erzählt haben, dass sein Sohn Ali beschützte. So rannte er, wie früher an der Außenlinie, von einem zum
anderen und verkündete voller Stolz, dass ich sein Sohn sei.
Doch mir persönlich hat er es bis zum Spätherbst 2007 nie gesagt, obwohl doch mein Herz sich so sehr danach sehnte.

2006 lernte ich meine heutige Ehefrau kennen. Ich frage mich bis heute, wie man einen Menschen, der so drauf war wie ich damals, ernsthaft lieben konnte. Ich hatte ja kaum gesunde Selbstachtung für mich.

Wir kannten uns erst wenige Wochen, als mich mein alter Heimatverein kontaktierte und fragte, ob ich auf meine alten Tage der Mannschaft aushelfen könnte. Ein richtiges, offizielles Fußballspiel, boah, das reizte mich! Mein letztes Spiel war damals schon etwa 17 Jahre her.

Ich sagte zu und verkündete meiner neu gewonnen Freundin voller Stolz, dass ich am kommenden Sonntag nach langer Zeit ein Fußballspiel hätte. Sie freute sich mit mir und sagte sofort zu, dass sie auch zuschauen würde.

Oh Mann, war ich aufgeregt! Und natürlich rannte mein Vater mit seiner Fahne (welche, könnt ihr euch selbst aussuchen) an der Außenlinie auf und ab. Ich hatte wieder Angst, wie so oft in meinem Leben, dass es eskalieren könnte. Angst, bloßgestellt zu werden, wie so unendlich oft. Dort mein Vater, und nur wenige Meter davon entfernt meine neue Freundin, die ich ihm noch gar nicht vorgestellt hatte. Die Freude darüber, dass ich eine Freundin hatte, war größer als die Angst, dass mein Vater mich demütigen könnte. Irgendwie wollte ich ihm zeigen, dass mich eben doch jemand wollte. „Niemand will dich!" hatte seine Stimme unzählige Stunden in meiner Seele nachgehallt. Heute sollte er sehen, dass es jemanden gab, der mich wollte.

Noch wenige Minuten bis zum Anpfiff. Ich machte mich warm. Gymnastik, Dehnen oder dergleichen mochte ich nie sonderlich, das ist bis heute so geblieben.

Anpfiff – es ging los. Ich war fokussiert. Aber auf was bzw. auf wen genau? Auf den Ball, das Spiel, meine neue Freundin oder auf den Mann mit der Fahne?

Oh Mann, ich konnte mit dem Tempo der Jungen kaum noch mithalten und versuchte dann eher das Tempo herauszunehmen und klug mit Übersicht zu spielen. Hätte ich das lieber mal all die Jahre im Leben getan …

Immer wieder blickte ich zur Außenlinie. Ich versuchte in den Gesichtszügen meiner Freundin und meines Vaters zu lesen. „Was sie wohl über mich und meine Leistung denken?"

Ich hatte euch versprochen, noch von einem zweiten Eigentor, wenn man es so nennen mag, zu berichten. Nun gut: Die gegnerische Mannschaft bekam einen Freistoß, ca. 30 Meter von unserem Tor weg, und ich stellte mich mutig in die Mauer. Noch einen Blick nach außen, sahen sie mich? Wie mutig ich mich stellte? Mein Gegenspieler nahm einen großen Anlauf, und ich war total auf den Ball fokussiert. Dann erfolgte der sehr harte Schuss; der Ball kam mit großer Wucht auf mich zu und streifte meine Birne; von dort prallte die Kugel ab und – ins Tor ...

Unbeschreiblicher Jubel brach aus, leider nicht bei mir und meinem Team, und schon gar nicht von denen da draußen an der Außenlinie. Mein Vater schämte sich wieder einmal für seinen Versager von einem Sohn, und meine Freundin warf mir einen tröstenden Blick zu. Ich hatte mir so viel vorgenommen. Vielleicht wollte ich es ihnen allen wieder einmal zeigen: Aus mir ist doch etwas geworden! Doch ich hatte versagt, war erneut am Tiefpunkt der Realität angekommen.

Das Gute war, dass mein Vater mich mit meinen 36 Jahren nicht mehr schlagen konnte, aber Worte und Blicke können manchmal härter zuschlagen als Fäuste, stärker treffen als so mancher Tritt.

Das Spiel war nur wenige Minuten alt, und ich fabrizierte ein Eigentor, wie peinlich. Und kaum ein paar Minuten später musste ich ganz aufgeben, weil ich mir einen Muskelfaserriss zugezogen hatte. Ich war keine zehn Minuten auf dem Spielfeld und nach wenigen Minuten wieder draußen, mit einem Eigentor im Gepäck. Dieser Schuss ging wahrhaftig nach hinten los!

Die Streitereien zwischen meinem Vater und mir nahmen zu. Bis ich im Spätherbst 2007 nach einem Traum zu meinem Papa ging. Ich ging den schwersten Weg meines Lebens – in die kleine Kneipe in Zimmer Nummer fünf, in dem er ziemlich armselig wohnte.

Ich habe mir jetzt eine Weile überlegt, ob ich diese Bege-benheit noch einmal schildern soll, denn ich habe dies in vielen Büchern und Vorträgen bereits getan. Ja, ich kann es nicht oft genug erzählen oder schreiben, was in diesem November 2007 passierte. In der Nacht zuvor hatte ich geträumt, dass mein Va-ter gestorben sei. Am nächsten Morgen berührte Jesus mein verletztes Herz und ich ging zu Papa. Alles in mir rebellierte, aber ich lernte an diesem Tag etwas und bin immer noch dabei, es zu lernen: Liebe ist eine Entscheidung. Ich entschied mich an diesem Tag, meinen Papa zu lieben, so wie er ist, und beschloss sein Kind zu sein, egal wie seine Reaktion ausfallen würde.

So trugen mich meine Füße, die so oft von ihm weglaufen waren, an diesem Tag zu meinem Papa, und meine Worte ka-men mitten aus meinem Herzen: „Ich liebe dich, Papa, und bitte vergib mir!" Dieser Satz und alles, was danach geschah, hat mein Leben total verändert. An diesem Tag wurde ich Sohn. In dieser Zeit hörte ich Stück für Stück auf, mich selbst zu verwirklichen und fing ganz neu mit Jesus an. Papa wurde mein Freund. Die Bierdosen wurden weniger, er versöhnte sich mit anderen und wir fingen gemeinsam an zu beten. (Nun weine ich wieder einmal am PC und schäme mich nicht, euch das zu schreiben. Ein sterbender Alkoholiker flüsterte mir einmal unter Tränen zu: „Echte Männer schämen sich ihrer Gebete und Trä-nen nicht, denn echte Männer können weinen und beten.")

Mein Fokus war nicht mehr, es meinem Vater zeigen zu müssen. Meinen Sicherheitsdienst und vieles darum herum beendete ich, denn die Flucht war endgültig vorbei. Ich musste auch ab diesem Tag nie wieder Sorge haben, dass Papa mich öffentlich demütigen würde. Wir hatten noch fast drei Jahre zusammen, und Papa zeigte mir sein Herz und erzählte mir von den Wunden seines Lebens, die man ihm zugefügt hatte, aber auch von dem, was er anderen angetan hatte. Verletzte Men-schen verletzen (häufig) sich und andere, aber Geheilte tragen zur Heilung bei.

In dieser letzten gemeinsamen Zeit gingen wir ab und zu noch zusammen auf den Sportplatz. Nie wieder schämte ich mich für ihn. Es war einfach nur schön. Jesus führte meinen Papa vom Abseits ins Leben, und mich dazu. Er schenkte mir all das, wonach ich mich ein Leben lang gesehnt hatte. Mein Papa und ich verließen beide das Abseits mit Hilfe von Jesus.

Eines Tages saß ich mit Papa im Park eines Ulmer Krankenhauses. Die Sonne schien in sein Gesicht. Ein tiefer Friede spiegelte sich darin. Er strahlte förmlich. Es war ein bisschen wie das Strahlen seiner Mama, meiner geliebten Oma Elisabetha, bevor sie starb und als sie Jesus sah, wodurch ihr Gesicht leuchtete. So spiegelte sich die Sonne im Gesicht meines Papas. Gottes Liebe und die Liebe meiner Familie und von mir hatten einen neuen Menschen aus ihm gemacht.

An diesem Nachmittag wollte er mit mir in die Kapelle des Krankenhauses gehen. Es war sein Wunsch, mit mir zu beten. Dies war ein so unbeschreiblich heiliger Moment. Der Mann, der einst so viel Hass in sich getragen, der Gott so oft angeklagt, der aber auch einen Mangel an Liebe gehabt hatte und oft verletzt worden war, schloss seine Augen und neigte seinen Kopf, während er in einem Rollstuhl saß. Er betete mit so viel Liebe und so viel Demut, wie ich es zuvor selten erlebt hatte, oder auch noch nie bis dahin. Es war und ist so wunderbar und faszinierend, was Gottes Liebe im Leben meines Papas bewirkt hat. Ich staune und staune …

Am 11. Juli 2010 verließ er das „Spielfeld", ertönte der Schlusspfiff seines Lebens. Er ging nach Hause zu dem, der ihm vergeben hatte und der ihn so sehr liebte, mit einer Liebe, welche die Welt nicht geben kann. Wie gerne würde ich noch einmal spielen und zur Außenlinie schauen, nun aber mit versöhntem Herzen; und ich bin mir sicher, egal ob Sieg oder Niederlage, er würde mir zujubeln, mich trösten, mich anfeuern, mich ermutigen. Denn Gottes Liebe liebte das Herz des Mannes mit der Fahne gesund. Der Mann, der zum Schluss nur noch *eine* Fahne hatte, und die hielt er in seinen Händen.

Unser beider Lebensblicke veränderten sich. Mehr und mehr schauten wir auf Jesus. Jeder von uns beiden hatte zuvor einen selbstzerstörenden Tunnelblick gehabt. Doch von unserer

Versöhnung an richtete sich dieser Blick immer mehr auf Jesus. Petrus ging einst auf dem Wasser. Solange sich sein Blick auf Jesus richtete, ging er nicht unter und schaffte das Unmögliche. Erst als sein Blick sich von Jesus abwandte und er nach Wind und Wellen schaute, versank er. Ohne Jesus wären mein Papa und ich total untergegangen. Mit unserem neuen Tunnelblick auf Jesus konnten wir das Unmögliche erleben.

Wir können auf dem Wasser gehen. Doch es braucht unsere Bereitschaft, unseren Mut, das Boot zu verlassen und das Unfassbare zu wagen; um Wunder zu erleben, um den zu erleben, der selbst das Leben ist.

Jesus hat uns versprochen, dass er alles neu machen wird. Mein Papa und ich haben es erlebt, alles wurde neu. Na ja, *fast* alles wurde neu; eines blieb bis zum Schluss: Papa hatte weiterhin 17 Lieblingsvereine, und *eine* Mannschaft mochte er nicht so – und ihr dürft raten, welche. Vielleicht, aber nur vielleicht, wollte er mich ein bisschen ärgern – liebevoll.

14 – Trainerwechsel

Nachdem ich den Großteil meines Lebens mehr oder weniger mein eigenes Ding durchgezogen hatte, hörte ich nun mehr und mehr auf das, was Gott mir zu sagen hatte, und ich erfuhr eine Art Neugeburt. So steht es ja schon in der Bibel, dass wir von neuem geboren werden sollen. Es war der perfekte Trainerwechsel in meinem Leben. Als ich früher auf falsche Ratgeber und auf mich selbst hörte, war meine Herz ein Trümmerfeld, eine Müllhalde.

Nur Narren glauben, sie bräuchten keinen Rat, weise Menschen aber hören auf andere (Sprüche 12,15).

Dieser Vers passte zu mir. Ich hatte mich dem Schmerz und der Wut meines Lebens ergeben und ging so viele falsche Wege. Die Füße, die so gerne gekickt hatten, die oft hastig in die kleine Kirche oder zur Oma gerannt waren, um zu beten, gingen zwischendurch selbstzerstörerische, miese, dreckige und dunkle Wege. Doch nun fing ich wieder mehr damit an, auf das zu hören, was Jesus mir sagte. Ich begann die Bibel zu lesen, ging wieder in die Gottesdienste und hörte mir Predigten an.

Doch vorab schon mal: Gott hat (zumindest mir) nie versprochen, dass mein Leben einfach sein würde, aber dass er immer für mich da wäre. Außerdem hatte er den Müllberg meines Lebens entfernt. Schon vor langer Zeit trug er deinen, meinen und den Müll der ganzen Welt ans Kreuz, auf diese „Müllkippe Golgatha". Dies zu erkennen, dieses Geschenk anzunehmen und Jesus die Erlaubnis zu erteilen, den Müll wegzunehmen, sodass man dann ein neues Leben mit Jesus beginnen kann, dies ist eine Entscheidung, die jeder Mensch für sich selbst treffen muss. Es ist wie bei einer Hochzeit: Solange nur *eine* Person Ja sagt, kommt keine Ehe zustande. Als Jesus einst auf dieser Müllkippe am Kreuz starb, hat er Ja gesagt, und nun geht es um dein Ja.

Vor ein paar Tagen starb ein lieber Freund von mir. Das letzte, was ich ihm ins Ohr flüsterte, war: „Jesus liebt dich!" Dies möchte ich dir, egal ob du ihn schon kennst oder nicht, jetzt auch zuflüstern: „Jesus liebt dich!" Du solltest das genau jetzt in diesem Augenblick mit eigenen Augen lesen: „Jesus liebt dich!"

Du würdest dieses Buch nicht lesen, wenn ER es nicht gewollt hätte – er will und wollte, dass du das weißt und nie vergisst: Du bist geliebt, so wie du bist.

Von dieser Zeit an, als ich den besten Trainer der Welt in mein Herz aufnahm und wieder Stück für Stück mehr auf ihn hörte, passierten so viele Wunder. Von einigen möchte ich euch berichten.

Eines Nachts träumte ich von einem Lied. Als ich am 9. April 2008 aufwachte, hatte ich eine Melodie im Herzen und in meinem Kopf. Da ich keine Noten kenne, summte ich die Melodie auf mein Handy. Noch am selben Tag spielte ich den Seelenschmeichler einigen Leuten vor, und das Ganze nahm ganz sachte seinen Lauf. Es wurden Noten dazu verfasst und ein paar Leute nahmen das Wunder auf CD auf. Was tun damit?

Ich fragte einen Firmenchef, ob er nicht dieses Liedprojekt unterstützen möchte. Spontan sagte er zu. Eine CD wurde produziert und „Feel the Power – sei ein Wunder"[1] nahm seinen Lauf.

Eines Nachts träumte ich wieder, und zwar dass dieses Lied in einem Stadion vorgetragen würde. Ein paar Tage später hatte ich einen Termin bei unserem Sponsor und dieser meinte: „Michael, in Kürze wird das Nördlinger Fußballstadion umgetauft in Gerd-Müller-Stadion. Hättet ihr Lust, dieses Lied vor

---

[1] https://www.youtube.com/watch?v=gU_eqbwqGE0 ; Sei ein Wunder - Der Anti-Mobbing Song - Protactics Voices - Offizielles Musikvideo

Tausenden zu präsentieren? An diesem Tag wird zur Ehre von Gerd Müller der FC Bayern München gegen den TSV Nördlingen spielen." Ich traute meinen Ohren nicht. Ein Lied, welches nach einem Traum entstanden ist, wird zu Ehren des Bombers der Nation und im Beisein des FC Bayern München vor Tausenden präsentiert.

Mein Trainerwechsel veränderte alles und öffnete einem Wunder nach dem anderen die Türen. So kam es, dass mein Team diesen Song am 19. Juli 2008 präsentierte: vor ca. 11 000 Menschen und dem FC Bayern München mit seinem Trainer Jürgen Klinsmann und – dem „Bomber der Nation", Gerd Müller. Tausende, einschließlich Gerd Müller, lauschten dem Lied, welches mir erst ein paar Wochen zuvor von Gott in einem Traum geschenkt worden war.

Dieses Lied („Sei ein Wunder") wurde während der Corona-Pandemie neu aufgenommen und in viele Sprachen übersetzt. Ihr findet den Song, wie vieles andere auch, auf meinem YouTube Kanal (Michael Stahl TV) oder unter dem Link in der Fußnote[2].

Den besten Trainer der Welt, den ein Menschen haben kann, den habe ich. Er ist nicht nur mein Trainer, sondern auch mein Mentaltrainer, mein Freund, mein Erlöser, mein Herr, mein Heiland, mein König – sein Name ist JESUS. Auch du kannst ihn als Trainer haben – wenn du ihn einlädst.

---

[2] https://www.youtube.com/watch?v=gU_eqbwqGE0

15 – Nachspielzeit

Nach dem Spiel ist vor dem Spiel, hört man so manche Spieler und Trainer sagen. So war es auch bei mir. Im Prinzip wurde ein Kapitel meines Lebens geschlossen, das Kapitel, in dem ich ohne Gott leben wollte. Ein Kapitel, in dem ich selber die Hauptrolle spielen wollte. Ich lernte Menschen kennen, die mir sagten, dass sie ohne Gott leben wollen, weil sie das Leben genießen wollen. Was heißt das im Umkehrschluss? Party, Sex, wechselnde Beziehungen usw.? Jesus sagte einmal: *„Wer mich hat, der hat das Leben."* Gibt es ohne Gott wirklich ein wahres Leben? Finden wir Erfüllung, Erlösung und tiefen Frieden in unseren Hobbys, in sexuellen Abenteuern, im Materialismus oder in irgendetwas anderem? Wenn es uns den Boden unter den Füßen wegzieht, was dann? Wenn wir durch Alter oder Krankheit keinen Sport mehr betreiben können, was dann? Und wenn uns alle verlassen haben? Wenn unser persönlicher Schlusspfiff ertönt, was dann?

Wenn ich mir ein Fußballspiel anschaue, fällt mir besonders die hektische Betriebsamkeit gegen Ende des Spiels auf. Da merkt eine Mannschaft, dass die Zeit knapp wird und hofft auf eine großzügige Nachspielzeit. Nicht selten ist das Entsetzen groß, wenn diese kürzer ausfällt als erhofft. Doch diese Nachspielzeit hat es in sich. Hektik bricht aus, die Spielphilosophie wird gänzlich über Bord geworfen. Einwürfe, Freistöße und Eckbälle werden unter Hochdruck ausgeführt. Nicht selten gibt es gröbere Fouls und kleinere Handgemenge. Der Blutdruck geht rauf. Immer und immer wieder geht der Blick nach oben an die große Anzeigentafel, um zu prüfen, wie viel Zeit noch bleibt.

Was passiert nach dem Schlusspfiff? Ablehnung, Kritik und Unzufriedenheit?

Würde unser Herzensblick doch viel öfter nach oben schauen und unser Herz nur nach oben gerichtet sein – Tunnelblick, die Augen fest auf Jesus gerichtet.

Ich persönlich habe das Gefühl, dass sich die ganze Welt schon in der Nachspielzeit befindet und so mancher Mensch sogar in seiner ganz persönlichen Nachspielzeit. Hektik bricht aus. Was passiert, wenn der Schlusspfiff ertönt? Ist dann alles aus? Tief in unserem Herzen wissen wir, dass es so nicht ist. In den letzten Jahren verbrachte ich immer und immer wieder sehr wertvolle Zeit mit Menschen in ihrer Nachspielzeit – kurz vor ihrem Schlusspfiff.

Wenn ich mir all die zwischenmenschlichen Konflikte und die aktuellen Kriege in der Welt anschaue, dann spüre ich die Angst der Welt vor dem Schlusspfiff. Hektik bricht aus. Man wirft seinen Lebensplan über den Haufen und greift nach jedem Strohhalm, der etwas Gutes verspricht, nur um kurz vor dem Schlusspfiff festzustellen, dass all das auch nicht den Frieden brachte, wonach man sich so sehnte.

Manchmal geht der Blick nach oben, um zu erhaschen, wie viel Zeit noch bleibt.

Manchmal verschlafen wir unsere 90 Minuten und stellen am Ende fest, dass wir die Spielzeit „verspielt" haben.

Ich gehöre auch zu jenen, die den Großteil ihrer Spielzeit „verspielt" haben. Ich kann die Fouls, das falsche Konzept und die Einstellung nicht mehr ändern. Viele meiner Mitspieler habe ich enttäuscht. Und doch weiß ich, wohin ich gehe, wenn der Schlusspfiff ertönt. Der himmlische Papa steht am Spielfeldrand und jubelt mir zu. Ich grätsche, köpfe und renne, um ihm eine Freude zu machen. Wenn ich verliere, tröstet er mich, wenn ich gewinne, freut er sich mit mir, und wenn ich versage, richtet er mich wieder auf. Wenn das Spiel zu Ende ist, steht er mit ausgebreiteten Armen da und empfängt mich; dann gehe ich nach Hause.

Meistens wissen wir nicht, ob unsere Nachspielzeit schon angebrochen ist. 90 Prozent aller Menschen sterben in einem Bett. Dort werden die Dinge bereut, die man nie getan hat … Dort sehnt man sich nach Vergebung, nach Liebe – sie auszusprechen und auch, sie zu hören. Dort ist oft eine unbeschreibliche Sehnsucht nach Gott … Es wird klar, was wir nicht nur in der Nachspielzeit brauchen, sondern heute im Hier und Jetzt.

Draußen auf der Tribüne toben die Menschen; sie verzeihen oft keine Niederlagen, meist zählen nur die Siege. Und selbst Erfolge sind schnell wieder vergessen.

Was ist, wenn dein Schlusspfiff ertönt? Wenn dein Konzept dich am Ende nicht tröstet? Wenn die Hektik aufkommt?

Ich wünsche uns allen den Frieden, den diese Welt nicht geben kann – heute noch. Denn heute schon, kann der Schlusspfiff ertönen …

Jesus kam vor 2000 Jahren mitten in das Sterben der Welt hinein. Irgendwie habe ich die persönliche Hoffnung, ja, sogar die Gewissheit, dass er persönlich in jedes Sterben hineinkommt, weil er selbst persönlich für jeden gestorben ist.

Unsere Uhr tickt, lasst uns die Zeit nutzen!

Jetzt, in diesem Augenblick, beginnt sie, die Nachspielzeit unseres Lebens. Vergeude keine Sekunde, lebe mit dem, der das Leben in Person ist. Entdecke durch, in und mit ihm das wahre Leben. Er ist der Friede, den die Welt nicht geben kann. Verwirkliche dich nicht selbst, sondern möge ER immer mehr in deinem Leben wirken. Jesus sagte einmal: „Wer mich sieht, sieht den Vater." So soll es auch bei uns sein, wer uns sieht, sollte der Liebe Gottes, des Vaters, begegnen. Wo wir sind, sollte ein Stück vom Himmel sein.

Der beste Trainer der Welt sollte durch unsere Lebensspielweise mehr und mehr sichtbar werden.

Carpe Diem – nutze den Tag!

16 – Offener Schlagabtausch

Meine persönliche Nachspielzeit hat es in sich. Es geht hin und her. Manchmal schießt man ein Tor und befindet sich noch im Jubelrausch, da schlägt es hinten schon wieder ein. Irgendwie rappelt man sich wieder auf und kassiert vielleicht schon den nächsten Gegentreffer.

So durfte ich 2007 eine wunderbare Versöhnung erleben und viele, viele Wunder. 2008 dieses wunderbare Wunder mit dem Lied „Sei ein Wunder".

Im Frühjahr 2010 starb mein Jugendfreund. Im Juli des gleichen Jahres ging mein Papa für immer nach Hause; und dann kam zu all dem die ganz große Keule obendrauf, die meine Familie und mich so hart getroffen hat. Dieser grauenhafte Autounfall im Oktober 2010. Unverschuldet starb unsere Freundin, meine Frau schwebte in Lebensgefahr und meine Tochter überlebte knapp.

Ich fühlte mich wie in einer Abwehrschlacht. Von allen Seiten wurde geschossen. Ich lag am Boden, stand wieder auf, um nur kurze Zeit später wieder gefoult zu werden und das nächste Gegentor einzustecken. Da war die Erkenntnis wieder: Mein Trainer Jesus hat mir nie versprochen, dass das Spiel glatt läuft, sondern, dass er da ist und wir mit seiner Taktik erfolgreich das Spielfeld verlassen werden. Und doch kamen und kommen immer wieder mal Zweifel am Spielsystem bei mir auf. Aber ich, der „Kreisliga-B-Christ", darf kommen, so wie ich bin, auch mit all meiner Unwissenheit, meinen Zweifeln und allem, was mich beschäftigt. So erlebte ich sehr viel Schönes, aber auch tief Trauriges. (Auch eben, in diesem

Zeitraum, während das Buch geschrieben wird, ist etwas sehr, sehr Trauriges passiert.)

Vor vielen Jahren suchten mich die Eltern eines Jungen auf, der in der Schule fürchterlich gequält wurde. So sehr, dass er zeitweise gar nicht mehr hinging. Ich erzählte ihm aus meinem Leben und gab ihm einige Tipps mit auf den Weg. Die Familie hatte ebenfalls Jesus lieb, und so beteten wir am Ende unseres Gespräches. Zum Schluss fragte ich den Jungen, ob ich sonst noch etwas Gutes für ihn tun könne? Da leuchteten seine Augen und er sagte: „Oh ja, ich würde so gerne mal mit meinem Papa in die Allianzarena gehen und mir ein Spiel des FC Bayern München anschauen."

Ups, das war mal eine besondere Bitte. Ich schaute ihn an und antwortete: „Es ist sehr schwer, da an Karten ranzukommen, aber ich werde dafür beten. Und so Gott will, wird er sich darum kümmern."

Monate vergingen, es tat sich leider nichts. Ich betete immer wieder mal dafür und hoffte, dass Gott mir eine Tür auftun würde.

Eines Tages hielt ich in München einen Vortrag. Da dies in einer christlichen Einrichtung war, konnte ich offen über all das sprechen, was Jesus Gutes in meinem Leben getan hatte. Warum betone ich das so? Ich denke, unser Leben ist die Art, wie wir mit uns selbst und unseren Mitmenschen umgehen. Jesus sagte einst, dass man an unserer Liebe erkennen würde, dass wir zu ihm gehören. Manchmal kann man auch mit zu viel Quatschen die Leute wegtreiben. Das habe ich bestimmt auch schon oft getan. Das kann ich leider nicht mehr rückgängig machen, aber ich kann und will von meinem Trainer lernen.

Am Tag nach dem Vortrag erhielt ich eine unfassbare Mail, und zwar von einem Verantwortlichen des FC Bayern München. Er war, ohne dass ich dies wusste, bei meinem Vortrag. Er bedankte sich und teilte mir mit, dass sein Herz berührt worden war, und ganz zum Schluss bot er mir an, mich einmal ins Stadion einzuladen.

Ich war baff. Gott hatte Unfassbares in die Wege geleitet. Wenige Tage später saß ich in dem Bürogebäude des FC Bayern München und trank einen Cappuccino. Ich konnte nebenher der Mannschaft beim Training zuschauen, die damals von Pep Guardiola trainiert wurde. Dem Verantwortlichen erzählte ich von meinem Gebet für den gequälten Jungen. Auch dieser Mann hatte Jesus lieb.

Wenige Wochen nach meinem Cappuccino an der Säbener Straße konnte der Junge mit seiner Familie ins Stadion gehen. Die Karten nahm ich nicht geschenkt, sondern sie wurden stets ordnungsgemäß von uns bezahlt. Auf diese Weise konnten wir noch einen anderen Papa ins Stadion einladen, der sein geliebtes Kind verloren hatte. Auch ein Ehepaar mit über 80 Jahren, deren Lebenswunsch in Erfüllung ging – einmal in der Allianzarena zu sein. Und vielen anderen, die Schweres im Leben erdulden mussten, konnten wir ein wenig Freude bereiten.

Noch von vielen weiteren Wundern könnte ich berichten, aber dafür reicht *ein* Buch gar nicht aus. Doch die Gegenschläge blieben nicht aus. Am 21. Februar 2018 traf mich ein harter Schlag; es war wie ein Schuss in die Weichteile, ein Tritt gegen den Kopf und ein Eigentor zugleich.

Mitten in einem Vortrag ereilte mich ein Herzinfarkt. Nur wenige Fahrminuten entfernt kam ich in die Uniklinik Tübingen. Schwer getroffen lag ich dort in der Notfallaufnahme. War dies der Schlusspfiff meines Lebens? Das Spiel zu Ende? Unter Tränen sprach ich mit meinem Trainer. Mein Blick ging nach oben. Wie viel Zeit hatte ich noch? Ich flüsterte meinem Coach nochmals alles zu, was ich auf dem Herzen hatte. Bekannte ihm nochmals alle meine Fouls; wo ich mich nicht von Herzen eingesetzt hatte; wo ich gegen ihn und meine Mitspieler rebelliert hatte.

Tränen flossen damals, als ich nackt in Tübingen in der Notfallaufnahme lag, und ich sprach zu einem Gott, der selbst nackt gedemütigt worden war, denn in der Bibel steht: „Sie zogen ihn aus." Mich zogen sie auch aus, um mir einen Herzkatheder zu setzen. Ich war nackt und weinte und gab noch einmal dem Coach meines Lebens mein „Ja", die Zusage meiner Treue und meiner Liebe. Mit ihm an der Seite haben wir den Sieg schon in der Tasche, auch wenn alles verloren erscheint. Mitten im Schlagabtausch haben wir schon gewonnen, weil wir ihn im Herzen tragen, den eigentlichen Gewinn. Diesen Sieg kann uns niemand mehr nehmen. Ich hatte danach noch eine sehr schwere Zeit, doch viele Verse aus der Bibel gaben mir Hoffnung und Kraft, unter anderen diese:

Ich werde nicht sterben, sondern leben, um zu erzählen, was der HERR getan hat. Der HERR hat mich schwer gestraft, doch er hat mich nicht dem Tod ausgeliefert (Psalm 118,17-18).

Vor allem aber behüte dein Herz, denn dein Herz beeinflusst dein ganzes Leben (Sprüche 4,23).

Damals in Tübingen, bei dieser Grenzerfahrung, durfte ich die Zerbrechlichkeit des Lebens erkennen. In diesen Momenten, wenn dein eigenes Leben vom Tode bedroht wird, gibt es nichts Wichtigeres, als den zu kennen und zu lieben, der den Tod besiegte. Kennst du Jesus? Hast du ihn lieb? Ist er schon der Coach deines Lebens? Lässt du dich von ihm beraten? Falls nicht, von wem dann? Und immer und immer wieder die Frage: Wohin gehst du, wenn dein persönlicher Schlusspfiff grell durch die Weite des Spielfeldes hallt? Dieser Pfiff kann ganz unvermittelt ertönen. Mitten im Getöse der Welt. Inmitten von Partys und anderen berauschenden Dingen. Vielleicht mitten im beruflichen oder sportlichen Erfolg. Und dann? Im Psalm 90 bittet Mose Gott darum: „Lehre uns zu bedenken, dass wir sterben müssen, damit wir klug werden."

Beziehen wir es auf unser Buch hier, heißt das, dass wir rechtzeitig klug werden müssen, bevor der Schlusspfiff uns mitten aus dem Leben reißt.

Darum überprüfe nochmals alles. Wer ist der Coach deines Lebens? Hast du ihm schon den Müllberg anvertraut, oder rennst du noch mit einer überfüllten Herzensmüllhalde herum?

Dribbelst du alleine durchs Leben? Nach welchem Regelwerk spielst du das Spiel deines Lebens? Stehst du noch im Abseits?

Im nachfolgenden Kapitel wirst du von einem ehemaligen Spieler des FC Bayern München lesen und erfahren, wie auch er vom Abseits ins Leben kam. Wenn du Jesus schon liebhast, dann möge dich seine Geschichte motivieren, Jesus den Menschen Stück für Stück näher zu bringen, damit immer mehr das wahre Leben kennen und lieben lernen:

Und das ist der Weg zum ewigen Leben: dich zu erkennen, den einzig wahren Gott, und Jesus Christus, den du in die Welt gesandt hast (Johannes 17,3).

17 – Doppelpass

Ganz genau weiß ich gar nicht, wie viele Jahre es her ist, dass ich einen Facebook-Eintrag des ehemaligen Spielers Michael Sternkopf vom FC Bayern München gelesen hatte. Ab und zu sah ich seine Beiträge an. Er war derselbe Jahrgang wie ich und ich verfolgte natürlich als Bayern-Sympathisant ein Stück weit seinen Werdegang. Ein erfrischender Typ, als er damals 1990 nach München kam. Aus meiner Sicht waren seine Markenzeichen sein langes Haar, seine Schnelligkeit und seine unbekümmerte Spielweise. Irgendwann wurde es still um ihn. Bis er nach langer Zeit auf Facebook wieder in Erscheinung trat, zumindest wieder von mir wahrgenommen wurde.

Ich weiß noch, damals, als ich seinen Eintrag las, war ich in Eile und musste aus dem Haus zu einem Termin, als ich kurz auf mein Handy schaute und seine Zeilen las. Tief in meinem Herzen spürte ich seine große Zerrissenheit.

Ich schaute auf meine Uhr und dachte mir: „Na ja, auch wenn wahrscheinlich nichts zurückkommt, ich schreib ihm mal ein paar Zeilen mitten aus meinem Herzen. Vielleicht berühren sie ja sein Herz." Ich betete für ihn und schickte meine Worte auf die Reise.

Es dauerte keine 20 Minuten, bis er mir zurückschrieb. Es erschien mir irgendwie so unwirklich. Schrieb Michael Sternkopf, der ehemalige Star des FC Bayern München, selbst? Doch seine Antwort ließ keine Zweifel zu. Meine Worte hatten tatsächlich sein Herz erreicht. So schrieben wir uns immer wieder und spielten uns gegenseitig den Ball zu. Bis ich meinen Herzinfarkt hatte, da meldete er sich und meinte: „Es wird Zeit, dass wir uns kennenlernen."

Am 26. März 2018 war es nach einigen Jahren des virtuellen Austausches endlich soweit und Michael St., Jahrgang 1970, besuchte Michael St., Jahrgang 1970. Es war eine megaherzliche Begegnung an meiner Haustüre in Bopfingen. Irgendwie schien es, als würden wir uns schon Jahre kennen.

Wir beschlossen, gemeinsam zum Essen zu gehen. Dort in diesem Restaurant erzählte er mir aus seinem Leben, von Depressionen, Burnout, Panikattacken und vielem mehr. Er trug sehr schwere Kämpfe in sich.

Ich hörte ihm aufmerksam zu und fragte ihn, ob er im Anschluss an unser Essen Lust auf einen Spaziergang hätte. Er willigte ein, und so gingen wir zu einem meiner Lieblingsplätze: zu dem Ort, an den ich schon als Kind flüchtete oder wo ich auch so manches Abenteuer erlebte, die Burgruine meiner Kindheit. Ein unbeschreiblich schöner Flecken. Dort zwischen den Felsen erzählte ich ihm von meinem Leben.

Ich berichtete ihm von dem Müllberg meines Herzens, meinen Ängsten, Tiefpunkten und von meinem Versagen. Erstaunt schaute er mich an und meinte: „Ich kenne das nicht Michael, dass ein Mann über Scham, Niederlagen und Versagen spricht." Und dann durfte ich ihm von Jesus erzählen. Jesus selbst berührte in dieser Zeit sein Herz.

In den nächsten vier Wochen sendete ich ihm jeden Tag einen Bibelvers. Und am 26. April 2018 lud Michael Sternkopf Jesus in sein Leben ein. Er sprach ein Gebet, in dem er ihm alles gab, was sein Herz belastete, die Schuld seines Lebens. Ab diesem Tag war Michael nie mehr allein. Er hatte einen neuen Coach mitten in sein Herz eingeladen, seinen Herrn und Erlöser. Der absolute Volltreffer seines Lebens, das ultimative „Golden Goal". Falls auch du diesen Volltreffer landen möchtest, den Sieg schon jetzt für dich verbuchen willst und einen Neuanfang starten möchtest, dann kannst du folgende Worte oder ähnliche beten, wie Michael und Millionen andere sie sprachen. Im Sterben hat es noch nie jemand bereut, Jesus zu kennen und zu lieben. Liebe ist eine Entscheidung. Falls du jetzt eine Entscheidung treffen möchtest, kannst du z. B. Folgendes beten:

Lieber Jesus,

in diesem Buch habe ich gelesen, dass du mich kennst und mich unendlich liebst. Leider habe ich bis jetzt ohne dich gelebt. Ich möchte dies hier und jetzt ändern. Ich möchte dich in mein verletztes Herz einladen und dir den Müllberg meines Lebens geben.

Danke, dass du für meine Schuld bezahlt hast und auch für die Liebe, die ich nie gelebt habe. Forme mich so, wie du mich haben möchtest.

*Danke, dass ich jetzt dein Kind sein darf. Ich bekenne, dass ich nun dein Kind **bin,** und du bist mein Herr und mein Gott.*

Danke, dass ich ab jetzt in deinem Team spielen darf und DU der Coach meines Lebens bist.

Amen!

Wenn du das oder Ähnliches von Herzen gebetet hast, dann empfehle ich dir noch die 3G-Regelung (keine Sorge, es geht nicht um „geimpft, genesen und getestet" ☺).

Das erste „G" steht für **Gebet**. Sprich mit deinem himmlischen Papa. Er kennt dich und hört dich. Dinge, die wir aussprechen, beginnen zu heilen. Gute Worte tragen reichlich Frucht in unserem Leben.

Das zweite „G" steht für **Gottes Wort**. Lies in der Bibel, was er dir zu sagen hat. Höre dir Predigten und Lebenszeugnisse von Menschen an, die ihn auch lieben.

Das dritte „G" steht für **Gemeinschaft**. Suche dir eine Gemeinde, die Jesus liebhat, die an den Dreieinigen Gott glaubt. Wir sind Beziehungswesen und brauchen einander.

Diese drei Dinge setzte Michael in die Tat um und begann Stück für Stück ein völlig neues Leben. An und durch Michaels Verwandlung konnte man erkennen, wie Jesus ihn veränderte. Mit absolut neugewonnener Freiheit erzählte er seinem Umfeld, was Jesus in seinem Leben getan hatte. So sprach Michael im Kleinen aber auch im Großen von den Wundern Gottes, die er erleben durfte. Der Mann, der einst unter Menschenfurcht gelitten hatte, sprach von da an frei vor vielen, vielen Menschen und bekannte durch verschiedene Medien Millionen von Menschen, dass Jesus ihn geheilt hat und dass er Jesus liebt.

Mein ehemaliger Sturmpartner „Thomas" lernte Michael ebenfalls kennen, und Thomas erzählte ihm von seinem Bruder Stefan, der 1975 geboren wurde und ein großer Fan von Michael war. Er ließ sich sogar die Haare so lang wachsen, wie Michael sie einst trug. 1993 war Stefan bei einem Autounfall tödlich verunglückt. Er wurde gerade einmal 18 Jahre alt. Ein so wunderbarer Kerl. Dieser schreckliche Verlust erschütterte nicht nur seine Familie und Freunde, sondern das ganze Dorf und unseren Fußballverein gleich mit. 25 Jahre später besuchte Stefans Vorbild sein Grab. Nie werde ich diesen Moment vergessen, als Michael am Grab von Stefan verweilte.

Michael und ich hatten nun schon einige gemeinsame Auftritte und schieben uns den Ball dabei hin und her. Im Doppelpack passen wir uns die Bälle mit Jesu Hilfe geschickt zu. Offen berichten wir aus unseren Herzen, damit das TEAM JESUS größer wird und mehr und mehr Leute aus dem Abseits ins Leben kommen.

Gemeinsam haben wir schon viel Wunderbares erlebt, einige Male zusammen geweint, aber auch gemeinsam unendlich viel lachen können. Sogar in einer TV-Quiz-Show traten wir im Doppelpack auf. Wir hatten mit unseren beiden Familien eine wunderbare gemeinsame Zeit damals in Baden-Baden. Einen Tag vor der Show fragte meine Frau Michael, ob er sich denn auf die Sendung vorbereitet hätte. Verwundert fragte er sie:

„Habt ihr schon die Antworten auf die Fragen bekommen?"

„Nein, natürlich nicht", erwiderte meine Frau, „aber die haben uns einen Link gesendet, damit man sich einigermaßen vorbereiten kann."

„Nein, den Link habe ich mir nicht angeschaut", teilte er meiner Frau mit, und sie bohrte nach und fragte ihn:

„Ja, und wenn du dann morgen gar nichts weißt?"

Michael lächelte und meinte: „Liebe Sandy, das ist der Unterschied zu früher, als ich ohne Jesus lebte. Früher wäre das schrecklich für mich gewesen. Aber heute weiß ich, egal ob ich gewinne oder verliere, Jesus liebt mich. Er wird mich nicht *mehr* lieben, wenn ich gewinne, und nicht weniger, wenn ich verliere."

Am nächsten Tag gewannen wir tatsächlich und konnten den Gewinn einer guten Sache spenden. Egal, ob wir gewonnen oder verloren hätten, wir hatten sowieso schon gewonnen, weil wir beide Jesus lieben und die Gewissheit haben, dass er uns liebt, so oder so. Er liebt uns nicht „trotzdem", sondern weil er uns kennt. Weil er dich kennt, liebt er dich.

Viele Menschen machen ihren Wert davon abhängig, was die Welt von ihnen denkt, ob sie erfolgreich sind, bekannt, beliebt usw.

All das gibt uns nicht unseren Wert. Wir alle sind kostbar und wertvoll, so wie wir sind. In der Bibel teilt Gott uns mit, dass seine Liebe uns so unendlich wertvoll macht.

2019 waren wir in Israel. Wir spielten an der Grenze zum Libanon gemeinsam Fußball, waren mit über 50 anderen Männern am Jordan und weinten zusammen im Garten Gethsemane.

Michael und ich halten an verschiedenen Orten Vorträge und teilen unsere Herzen. Jeder von uns ist an dem Platz, wo Gott ihn gebrauchen kann und er dem Team am besten dient. Ich hätte vor über 30 Jahren nie gedacht, dass Michael Sternkopf und Michael Stahl eines Tages denselben Trainer haben würden, den besten den es geben kann – Jesus, unser gemeinsamer Freund aus Bethlehem – wo Gott Mensch wurde, wo das Wort Fleisch wurde, wo das Licht der Welt geboren wurde, um inmitten deines Herzens und Lebens zu strahlen und um die Dunkelheit zu verjagen.

Oft wird Michael von Leuten über die Jahre seiner Profikarriere befragt und gibt ihnen mehr, als sie zu fragen wagen. Offen spricht er über die dunklen Zeiten seines Lebens, wie die Dunkelheit ihn ins Abseits trieb und wie Jesus, das Licht der Welt, Licht in seine Dunkelheit brachte, ihn liebevoll aus dem Abseits ins Leben führte.

18 – Weltklasse

Meine Oma lehrte mich das Beten. Es ist die Verbindung mit der Quelle des Lebens, das Sprechen mit dem himmlischen Papa, dem DU, dem Gegenüber, nach dem sich jeder Mensch tief in seinem Herzen sehnt. Das Gebet ist wie die Nabelschnur, die ein Ungeborenes mit seiner Mama verbindet. Das Gebet ist für unsere Seele wie der Sauerstoff, der unseren Körper am Leben erhält.

In diesen Tagen, während ich an diesem Buch schreibe, gab es einen schrecklichen Zwischenfall während eines Fluges. Binnen weniger Sekunden verlor ein Flugzeug dramatisch an Höhe. Zehn Minuten lang muss absolute Panik in der Maschine geherrscht haben. Es wurde berichtet, dass viele (vielleicht sogar alle) zu beten anfingen. Sie flehten um Hilfe, und ich bin mir sicher, dass sie keine Hoffnung ins Daumendrücken, in Sternzeichen oder in sonstige Dinge investierten. Alle hatten Angst, dass womöglich das Ende ihres Lebens gekommen sei, das Lebens-Spielende, und so riefen sie zu dem, der das Leben ist, zu dem Ursprung alles Lebens, dem, welcher unser kleines Leben in seinen Händen hält.

Der Pilot bekam die Kontrolle über die Maschine wieder zurück und konnte sicher landen. Zurück blieben viele traumatisierte Menschen.

Alle kamen mit einem großen Schrecken davon und ich wünsche allen Beteiligten, dass sie ihr Trauma bewältigen und sich erinnern, wie kostbar das Beten sein kann. Vielleicht brauchen wir dazu aber nicht erst die heftigen Turbulenzen während eines Fluges. Vielleicht können wir einfach so, im Hier und Jetzt, mit dem himmlischen Papa sprechen.

So bete ich immer und immer wieder auch für die verschiedensten Menschen. Manchmal erzählen mir Eltern viel Schweres über ihre Kinder, und darum frage ich sie ab und zu, ob sie für ihre Kinder beten. Viele gaben mir zur Antwort, dass sie es nicht tun. Immer, also wirklich immer, verspreche ich diesen Eltern dann: „Dann werde ich für euer Kind beten, denn einer sollte es tun! Ich werde das solange tun, bis ihr selbst für eure Kinder betet." So manches Herz wurde allein schon dadurch berührt, dass ich meine Gebete versprochen habe; und viele haben sich eines Tages wieder bei mir gemeldet, dass sie das Beten nun selbst übernommen haben.

Im Frühjahr 2017 sah ich ein Interview mit Manuel Neuer, dem Weltklasse-Torwart. Auf einmal hatte ich das tiefe Bedürfnis, für ihn zu beten. An diesem Tag beschloss ich, nun regelmäßig für den Nationaltorwart zu beten. Gebete haben so unendlich viel Kraft, egal ob für einen Menschen, der einsam irgendwo am Ende der Welt lebt, oder für einen, der im Rampenlicht steht und gefeiert wird.

Einige Monate später hatte ich einen Vortrag in NRW, als man mir mitteilte, dass Manuel Neuers Papa in meinem Vortrag saß. Seit Monaten betete ich für seinen Sohn, und nun dieser unfassbare „Zufall", der bestimmt keiner war. Am Ende meines Vortrages kamen wir ins Gespräch und mochten uns von Anfang an. Peter Neuer ist ein wunderbarer Mann mit einem großen Herzen, der auch Jesus liebhat. Ich erzählte ihm davon, dass ich seit Monaten einfach so für seinen Sohn Manuel betete. Diese Tatsache berührte sein Herz.

Von diesem Tag an begann eine wunderbare Freundschaft. Wir besuchten uns so oft es ging gegenseitig. Peter begleitete mich auf so manches Projekt und erzählte den Zuhörern auch aus seinem Herzen. Zweimal waren wir gemeinsam mit vielen anderen Männern in Israel und kickten einige Male in der kleinen Turnhalle in Bethlehem. Gottes Wirken ist so wunderbar. Noch kurz zuvor hatte ich für den Weltklasse-Torwart zu Jesus gebetet, der in Bethlehem zur Welt gekommen war, und nun kickte ich mit seinem Papa in Bethlehem.

Knapp ein dreiviertel Jahr, nachdem ich angefangen hatte für Manuel zu beten, lernten wir uns persönlich kennen und hatten eine sehr wertvolle gemeinsame Zeit.

An diesem Tag erzählte ich ihm von einem alkoholkranken Mann, der um sein Leben bangte, und wir hatten die gemeinsame Idee, diesen Mann mit einer Sprachnachricht zu ermutigen. Manuel verfasste eine so wertvolle Sprachnachricht, die Peter und ich diesem Mann noch am selben Abend vorspielten. Welch unfassbare Freude diese Nachricht auslöste, ist kaum zu beschreiben. Diese Ermutigung war ein Puzzleteil für die Befreiung dieses Mann vom Alkohol; er fasste neuen Lebensmut und führt heute ein neues Leben. Die Nachricht war einfach Weltklasse.

Manuel stellte uns in dieser Zeit auch Shirts, Schuhe und Autogrammkarten zur Verfügung, um Menschen eine Freude zu machen. Dadurch brachten wir eine Menge Kinderaugen zum Strahlen. Viele, denen wir eine Freude damit machten, hatten es nicht einfach im Leben. So wunderbar und so wertvoll, ich kann gar nicht in Worte fassen, wie viel Freude dadurch geschenkt wurde.

Während meines Dienstes lernte ich den kleinen David kennen, der unheilbar an Krebs erkrankt war. Ich saß eines Abends an seinem Bettchen und massierte seine kleinen Füße. Fünf Jahre war er, und er hatte Jesus so lieb. Im Gespräch mit seinen wunderbaren Eltern erfuhr ich, dass er Manuel total mochte. So ließ ich Manuel eine Bitte ausrichten, ob er dem kleinen, sterbenden Jungen eine Sprachnachricht senden würde. Das tat er, und die Freude bei David und der ganzen Familie war riesengroß. Es sind nicht die großen Erfolge, die mich so begeistern, es sind die kleinen Gesten, die aus großer Liebe geschehen, die ich so Weltklasse finde.

Ach ja, da war noch dieser Obdachlose, dem wir ein paar Schuhe von Manuel schenken durften. Welch unbeschreibliches Glück für diesen Mann! Er rannte freudestrahlend mit den Schuhen von einem zum anderen und präsentierte sie, wie einst Manuel Neuer den WM-Pokal 2014.

In der Bibel steht, dass wir einander jeden Tag ermutigen sollen. Vielleicht hat die Ermutigung an diesem Tag dazu beigetragen, dass dieser Mann mit den Schuhen des besten Torwarts der Welt neue Wege gehen wird.

Und wem könntest du heute noch ein Lächeln ins Gesicht zaubern? Wen könntest du heute noch wertschätzen, indem du ihm oder ihr eine kleine Freude machst? Wen könntest du heute noch anrufen oder ihr/ihm eine „Weltklasse-Nachricht" senden? Dazu müssen wir nicht erfolgreich oder berühmt sein. Jedes aus Liebe gesprochene Wort zieht seine Kreise.

Für wen könntest du heute noch beten? Aber bedenke, Gebete haben Macht. Vor wenigen Tagen war ich mit Peter bei einem Gottesdienst, als er mir ins Ohr flüsterte: „So schön, dass wir uns begegnet sind!" Und all dies begann mit einem kleinen Impuls, dem Entschluss zu beten und dies dann auch in die Tat umzusetzen.

Gemeinsam mit Gottes Hilfe können wir „Weltklasse-Taten" in Liebe vollbringen.

Eines Tages stehen wir alle vor Gott und er wird uns vielleicht nicht fragen, wie viele Bälle wir gefangen haben, wie viele Tore wir kassierten oder wie viele Bälle wir in das Netz des Gegners schossen, sondern, ob wir ihn lieben, denn nur die Liebe zählt, und Gott ist die Liebe. Diese Liebe verändert dich und deine kleine Welt um dich herum. Gottes Liebe ist für alle da. Er sehnt sich nach deiner Liebe.

In der Bibel lesen wir von einem Mann, der hundert Schafe hatte, und eines davon ging verloren. Er ließ die 99 in der sicheren Hürde zurück und lief, um dieses eine zu suchen. Wenn er es gefunden hat, dann wird er voller Jubel nach Hause gehen und feiern. Vielleicht wird er dieses Schaf emporheben, so wie Manuel Neuer die WM-Trophäe am 13. Juli 2014 in den Nachthimmel von Brasilien hielt, oder wie der Obdachlose die Schuhe des Welttorhüters in Kaiserslautern ...

Jesus liebt dich. Er wollte lieber für dich in die Hölle gehen als ohne dich in den Himmel. Diese Nachricht, diese Liebe ist einfach überwältigend, unbeschreiblich, sie ist Weltklasse.

19 – Der Fußballgott

Es ist unbeschreiblich. Sie kommen von überall her. Die ganze Woche fiebern sie ihrem speziellen Gottesdienst entgegen. All die Sorgen, die Entbehrungen, die Mühen der vergangenen Woche fühlen sich leichter an mit Blick auf ihr besonderes Event. Sämtliche Ängste und Belastungen der vergangenen Tage wurden besser ertragen, wenn man an den bevorstehenden Gottesdienst dachte.

Sie nehmen lange Wege auf sich, um dabei zu sein. Sie nehmen sich für diesen besonderen Gottesdienst Zeit. Aus lauter Vorfreude ziehen sie singend durch die Straßen.

Sie wollen keine Minute zu spät kommen. Es ist eine heilige Zeit. Viele sind schon lange da, bevor es offiziell beginnt. Keiner wagt es, zu spät zu kommen.

Wenn es losgeht, kennt die Freude keine Grenzen. Sie erheben die Hände, viele klatschen ungeniert. Nicht wenige sind tief ergriffen und weinen sogar, und ein Großteil hüpft und tanzt vor Freude. Dieser Gottesdienst verbindet. Man liegt sich in den Armen. Sie sind treu. Sie stehen und bekennen sich zu ihrer Liebe.

Sie schämen sich nicht für ihr Klatschen, für ihre Tränen, für ihren Gesang. Nein, sie sind standhaft und treu in ihrem Glauben.

Sie stehen zu ihrer Liebe und nehmen nicht selten sogar Angriffe dafür in Kauf.

Es mag wohl Menschen geben, die sie als fanatisch bezeichnen, doch das ist ihnen egal. Die Gemeinde hält zusammen, gibt Sicherheit und Geborgenheit. Teil der Gemeinde zu sein, macht stark. Woche für Woche loben sie ihren Gott. Kein Weg ist ihnen zu weit, keine Kosten sind zu hoch.

Die Lieder drücken ihre ganze Liebe aus. Sie schämen sich nicht, lautstark zu singen. Ihr Herz gibt ihnen den Rhythmus vor, ja, sie folgen ihrem Herzen.

Sie bekennen ihren Glauben durch Autoaufkleber. Sie sprechen über ihren Glauben bei vielen Gelegenheiten, am Arbeitsplatz, in der Freizeit und zu Hause. Sie können nicht anders, sie folgen einfach nur ihrem Herzen. Es ist ihnen egal, was die Leute denken, sie stehen zu ihrem Glauben, zu ihrer Liebe.

Woche für Woche sind sie dabei. Oft sind die Gottesdienste überfüllt, so dass selbst draußen noch Massen von Menschen stehen. Diese Gottesdienste werden regelmäßig im TV übertragen, und das sogar in viele Länder.

Keiner will etwas verpassen, unendlich viele wollen dabei sein. Groß und klein vereint; sie ist unbeschreiblich, diese Einheit. Ihre Lobgesänge sind weit außerhalb des Gottesdienstes zu hören. Voller Inbrunst singen sie ihre Lieder, Jung und Alt. Ihr Gott verbindet, macht stark, treibt sie an zu hüpfen und zu tanzen. Ihr Gott ist es ihnen wert, angefeindet zu werden. Ihr Gott bringt sie alle zusammen: Jung und Alt, Arm und Reich, verschiedene Nationen, Akademiker und Arbeiter, sie sind eins. Sie schwenken ihre Fahnen und erheben ihre Banner. Sie bekennen ihren Gott immer und überall.

Es ist ihr Fußballgott. Kein Weg ist für ihn zu weit. Kaum ein Preis zu hoch. Ihre Gemeinde ist die Fangemeinde. Ihre Gesänge sind die Fangesänge.

Es ist ein ganz normales Fußballspiel, in einem ganz gewöhnlichen Fußballstadion.

Dies ist mir in meinen wenigen Besuchen in diversen Fußballstadien aufgefallen. Ich verurteile dies in keiner Weise, ich finde die Atmosphäre auch total toll. Aber es ist schon faszinierend, dass dafür kein Weg zu weit und oft kein Preis zu hoch ist. Da schämt man sich nicht, miteinander zu weinen oder zusammen herumzuhüpfen und zu singen.

Oft werden allerdings Menschen belächelt oder gar bekämpft, die an den einzig wahren Gott der Liebe glauben.

Nicht selten werden sie als Spinner bezeichnet, vielleicht sogar von Leuten, die dasselbe für ihren Lieblingsverein tun würden.

Wenn sich unser persönliches Lebensspiel dem Ende naht, wird keiner den Fußballgott rufen, sondern vielmehr den einzig wahren Gott, der uns die Ewigkeit und die Sehnsucht nach ihm selbst ins Herz gelegt hat.

Den Fußballgott gibt es nicht, er ist eine Erfindung. Aber den einen Gott, der aus Liebeskummer heraus seinen Sohn sandte, den gibt es. Den einen Gott, bei dem unsere Gebete und Lobgesänge nicht in der Leere verhallen, den gibt es. Den Gott, der Mensch sein wollte und uns in Jesus entgegenrannte und es jeden Augenblick unseres Lebens tut, den gibt es. Mein Gott lebt! Mein Gott ist lebendig und sehnt sich nach einer lebendigen Beziehung zu dir und zu mir, zu uns allen.

Gott lebt und er liebt DICH!

20 – You'll never walk alone

Wer schon einmal ein Spiel der Dortmunder oder des FC Liverpools im Fernsehen verfolgt hat, dem wird nicht entgangen sein, dass vor dem jeweiligen Spiel „You'll never walk alone" gesungen wird. Dieses Lied, aus zigtausenden von Kehlen gesungen, sorgt für den einen oder anderen Gänsehaut-Moment. Was für eine Atmosphäre, irgendwie himmlisch! Was will uns dieses Lied eigentlich sagen? Hat es eine tiefgründigere Botschaft? Wenn ja, welche? Warum berührt dieses Lied unzählige Herzen? Bevor ich ein wenig in die Tiefe gehe, schauen wir uns einmal den Text und seine deutsche Übersetzung an:

You'll Never Walk Alone

When you walk through a storm
hold your head up high
and don't be afraid of the dark.

At the end of a storm
there's a golden sky
and the sweet silver song of a lark.

Walk on, through the wind
walk on, through the rain
though your dreams be tossed and blown.

/: Walk on, walk on
with hope in your heart
and you'll never walk alone,
you'll never walk alone. :/[1]

---

[1] Stadionversion: https://www.youtube.com/watch?v=g3UYNYxdIuM

129

***

Wenn du durch einen Sturm gehst,
behalte deinen Kopf oben
und fürchte dich nicht vor der Dunkelheit.

Am Ende des Sturms,
da ist ein goldener Himmel
und das süße, silberne Lied einer Lerche.

Geh weiter durch den Wind,
geh weiter durch den Regen,
auch wenn alle deine Träume davongeblasen werden.

/: Geh weiter, geh weiter,
mit Hoffnung in deinem Herzen,
und du wirst niemals alleine gehen,
du wirst niemals alleine gehen. :/[2]

Du wirst niemals alleine gehen? Nie? Woher will der Schreiber dieses Liedes das mit absoluter Gewissheit wissen?

Es wird von Hoffnung und Stürmen gesungen, von unseren Herzen und von Furchtlosigkeit; und immer wieder von der festen Zusage, dass du niemals alleine gehen wirst. Es erinnert mich an unendlich viele Verse in der Bibel. In einem Büchlein las ich einst, ein Traumatherapeut habe einmal behauptet, dass jeder Mensch mit einer Frage geboren würde; und diese Frage lautet: „Wo bist du?" Es ist unsere tiefste Sehnsucht, nie allein zu sein. Wir sind Beziehungswesen, wir brauchen einander. Wir sind von Menschen umgeben und benötigen bei der Geburt ihre Hände, um auf der Welt empfangen zu werden; und genauso brauchen wir liebevolle Arme, die uns halten, wenn wir gehen. Es ist so faszinierend, dass Gottes Name nicht nur die Antwort auf unsere Urfrage ist, sondern zugleich die Stillung aller menschlichen Sehnsucht, denn sein Name „Jahwe" bedeutet: „Ich bin für dich da!"

---

[2] Übersetzung: Eigene.

Das Menschenherz ruft es hinaus in die Welt, in den äußersten Winkel der Galaxie: „Wo bist DU?" Gott hörte diesen Urschrei und sandte seinen Sohn. Er ruft dir und mir zu, uns allen, jedem einzelnen Herzen: „Ich bin für dich da!" Doch diese Welt hat den ICH BIN FÜR DICH DA nie so richtig gewollt. Am Palmsonntag jubelten sie ihm noch zu, und wenige Tage später schrien sie voller Hass: „Kreuzige ihn!"

Einmal fragte er seine Freunde: „Wer bin ich denn für euch?" Und wenn er dich jetzt fragen würde: „Wer bin ich denn für dich?", wie würde deine Antwort lauten?

Er kam, um mit dir durchs Leben zu gehen, damit du nie wieder alleine gehen musst (You never have to walk alone again ☺). Doch diese Welt hat sich im Großen und Ganzen entschlossen, ohne ihn unterwegs zu sein. Viele sind sich selbst zu Göttern geworden, verwirklichen sich selbst, suchen in den Sternen und im Universum um Rat, haben ihre Glücksbringer oder vertrauen einem so genannten „höheren Wesen". Doch ein höheres Wesen, was immer auch das sein soll, wäre weit weg und könnte somit nicht an deiner Seite mit dir gehen.

Am 13. März 2016, beim Spiel *Borussia Dortmund – FSV Mainz* erlitten zwei Fans im Stadion einen Herzinfarkt. Beide wurden reanimiert, doch leider starb an diesem Tage ein Mann im Stadion. Die traurige Nachricht verbreitete sich Stück für Stück bei den 81 000 Zuschauern. Ich selbst sah dieses Spiel damals live im TV. Eine unfassbare Stille trat ein, bis sie dieses Lied anstimmten. Selbst jetzt, beim Schreiben, habe ich eine absolute Gänsehaut, während sich diese Szenerie vor meinem geistigen Auge erneut abspielt.

Da sangen sie zu Zigtausenden: „You never walk alone". Wer wird dieser Hoffnung gerecht? Woher können wir behaupten, dass nie einer alleine gehen wird? Was ist mit denen, die alleine sein wollen? Die gar nicht wollen, dass da einer Seite an Seite mit ihnen geht?

In einem wunderschönen Lied der Outbreakband heißt es:

Die Ewigkeit ist mein Zuhause,
du hast sie mir ins Herz gelegt.
Auch wenn ich sterben werde, weiß ich,
dass meine Seele ewig lebt.[3]

Ja, es stimmt, Gott möchte Seite an Seite mit dir gehen! Er will bei dir sein und wünscht sich, dass du es auch möchtest. Als pubertierender Bub gefiel mir ab und zu mal ein Mädel, und manchmal fasste ich meinen ganzen Mut zusammen und schrieb einem Mädchen einen kleinen Zettel: „Willst du mit mir gehen? Ja? Nein? Vielleicht? Bitte ankreuzen!"

Gott sagt ja zu dir. In der Bibel steht, dass er jubelt, wenn er an dich denkt. Falls du noch nicht mit ihm durch das Leben gehst, bin ich mir ganz sicher, dass er dich jetzt und immer wieder fragt: „Willst du mit mir gehen? Darf ich mit dir gehen?"

Dein Ja bedeutet: Du wirst nie mehr alleine durchs Leben „walken" – never!

Ich sage dir: Sei stark und mutig! Hab keine Angst und ver-zweifle nicht. Denn ich, der HERR, dein Gott, bin bei dir, wohin du auch gehst" (Josua 1,9).

Hab keine Angst und verliere nicht den Mut, denn der HERR selbst wird vor dir hergehen. Er wird bei dir sein. Er wird sich nicht von dir zurückziehen und dich nicht im Stich las-sen!" (Moses 31,8).

Unser Herz sehnt sich danach, nie alleine zu sein; in Dunkelheit ein Licht zu haben. Diese tiefe, menschliche Sehnsucht, die Suche nach wahrem Frieden, Sicherheit und Geborgenheit, nach dem einen, der bleibt, wenn alle gegangen sind, diese Sehnsucht kann nur einer stillen – Jesus.

Wenn du das nächste Mal „You'll never walk alone" hörst, dann wünsche ich dir, egal ob du Jesus schon liebhast oder

---

[3] Outbreakband – Ewigkeit; Offizielles Musikvideo:
https://www.youtube.com/watch?v=PcxaUHkmnSQ

nicht, dass du spürst, welch unfassbare Liebe Jesus für dich hat, so sehr, dass er um deinetwillen ganz alleine an einem römischen Holzkreuz hing – damit DU nie mehr alleine sein musst. Dort gibt er seine Würde preis, damit du deine Würde findest. Dort lässt er sein Leben, damit du und ich wahrhaft leben. Durch, mit und in ihm wird uns bewusst: Was immer auch kommt, wo immer wir auch sind, wir sind geliebt und nie, niemals allein.

Ja, ja und nochmals ja, es ist wahr: „You'll never walk alone!"

21 – Die 43. Spielminute

Bis heute schaue ich mir sämtliche Fußballspiele im Fernsehen an und freue mich besonders auf Welt- und Europameisterschaften. So auch am 12. Juni 2021 beim EM-Spiel *Dänemark – Finnland*. Ich machte es mir vor meinem Fernseher gemütlich und verfolgte aufmerksam die Partie. Es gab einen Einwurf, ein Spieler der dänischen Mannschaft führte diesen aus und warf ihn dem 29-jährigen Christian Eriksen entgegen. Doch irgendwie kam dieser zu Fall. Wurde er gefoult oder war er einfach nur gestolpert? Auf die Schnelle konnte ich es selbst nicht erkennen.

Binnen Sekunden dachte keiner mehr an Fußball. Allen Akteuren und allen im Stadion wurde klar, dass etwas Dramatisches passiert war. Christian Eriksen war ohne Bewusstsein. Der Schiedsrichter Anthony Taylor unterbrach das Spiel und das Unfassbare nahm seinen Lauf. Christian Erikson wurde auf dem Platz reanimiert. Seine Mitspieler bildeten einen Kreis um ihn, um so einen Sichtschutz zu erzeugen. Die meisten weinten. Die Betreuer kämpften um Christians Leben. Der Reporter rang nach Worten. Lähmendes Entsetzen im Stadion und vor den Bildschirmen in der ganzen Welt.

Während ich diese Zeilen tippe, erwachen die Bilder und Emotionen von damals wieder in mir. Ich fing an zu beten. Auch sein Trainer Kaspar Hjulmand kniete am Spielfeldrand, hatte seine Hände gefaltet und betete. In den sozialen Netzwerken überschlugen sich die Ereignisse. „Pray for Christian Eriksen" wurde millionenfach gepostet. Betende Hände, wohin man schaute. Waren dies die letzten Momente des Lebens von Christian Eriksen? Welche Pläne hatte er wohl noch? Was hätte man ihm gerne noch einmal gesagt? War es zu spät? Zu spät für tröstende Worte? Zu spät für ein Lob? Zu spät für ein „Ich liebe dich", ein „Ich bin stolz auf dich", ein „Bitte verzeih mir", ein „Schön, dass es dich gibt"?

Was für ein berührendes Bild: Der kniende, betende Trainer; Tausende, die im Stadion beteten. Das Schweigen, die Tränen, die vielen stummen Gebete, die Blicke gen Himmel, was für bewegende Momente, die mit Worten kaum zu beschreiben sind.

Doch von wem erwarteten sie Beistand?

Keiner wird irgendwelche Horoskope um Rat und Hilfe gefragt haben. Konnte etwa das Universum mit seiner „universellen Energie" hier helfen? Würden die tiefen, persönlichen Schreie von einem unpersönlichen „Es" gehört und erhört werden? Was halfen die gedrückten Daumen? Ich werde diese Fragen in diesem Buch wohl noch öfter stellen – weil ich mir sicher bin, dass wir alle tief in unserem Herzen genau um Gott wissen: Dass er das DU uns gegenüber ist, nach dem unser Herz sich sehnt.

Das Leben von Christian Eriksen wurde an diesem Tag gerettet. Was wird von dieser 43. Minute im Spiel Dänemark gegen Finnland in Erinnerung bleiben? Hoffentlich das Bewusstsein, wie zerbrechlich, wie endlich unser Leben ist. Von einer Sekunde auf die andere ist es nicht mehr, wie es einmal war.

Die Welt erlebte an diesem Tag, dass Menschen spontan, ja, reflexartig wissen, wen sie in absoluter Not und in letzter Konsequenz anflehen und um Hilfe bitten – GOTT!

Wäre Christian Erikson an diesem 12. Juni 2021 gestorben, so hätte er vor Gott gestanden, dessen bin ich mir sicher. Vor dem, den Millionen an diesem Tag um Hilfe anflehten. Hatte er Frieden mit seinem Schöpfer? Hast du eigentlich Frieden mit IHM? Was ist, wenn deine 43. Minute anbricht?

Christian Eriksens Leben geht weiter. Er spielt wieder Fußball. Dieses dramatische Ereignis ist nun ein Teil der Geschichte. Hat es Menschen zum Nachdenken gebracht? Hat dieses Ereignis Menschen zum Umdenken animiert? Zum

Nachdenken, dass es vielleicht sogar eines Tages ein Zuspät gibt? Ein Zuspät für viele wunderbare Dinge, Worte, Gesten? Ein Zuspät für Frieden mit uns selbst und unseren Mitmenschen, und sogar ein Zuspät, um Frieden mit Gott zu haben? Jeder Mensch mag hierzu sein eigenes Herz prüfen.[1]

Lehre uns zu bedenken, dass wir sterben müssen, auf dass wir klug werden (Psalm 90,12).

Mögen wir alle klüger werden und unsere Lehren aus dieser 43. Spielminute ziehen.

---

[1] Mehr dazu in meinem Buch „Es gibt (k)ein Zuspät", GloryWorld-Medien 2022.

22 – Straßenfußballer

Seit ich laufen kann, trete ich gegen Bälle und werde es wohl tun, solange ich laufen kann. Kaum einen Ball kann ich unbeachtet lassen. Kaum etwas konnte mich als Kind davon abhalten zu kicken. Bei fast jedem Wetter trieb ich mich irgendwo herum und jagte irgendeinem Ball hinterher. In meiner Kindheit wurde fast kein Spiel abgesagt, es sein denn, es hagelte oder ein Sportplatz war restlos überflutet. Aber weder Hitze und noch Kälte konnten für eine Spielabsage sorgen.

Ich erinnere mich noch an einen Tag (ich war etwa elf Jahre), als es so kalt war, dass wir wegen unserer eiskalten Finger nicht einmal mehr unsere Kickschuhe richtig binden konnten; der Rotz gefror uns im Gesicht. Sorry, aber so war es.

Damals wie heute kicke ich gerne in den Straßen, wo immer ich auch bin. Wenn ich irgendwo zu Gast bin und ein Ball in der Nähe ist, versuche ich den Rest der Bande zu bewegen, mit mir draußen im Garten oder auf der Straße zu spielen. Früher dienten uns zwei Coladosen, um ein Tor daraus zu machen. Alles, was irgendwie geeignet war, um ein Tor zu schaffen, wurde verwendet, Rucksäcke, Schulranzen, Steine, Zweige usw.; unsere Phantasie war grenzenlos, Gott hat sie uns geschenkt.

Kaum ein Garagentor war vor uns sicher. Wir schossen den Putz von den Wänden, und trotz aller Armut und Schwere des Lebens war ich glücklich, wenn ich einem Ball hinterherlief. Dies ist bei mir bis heute so geblieben. Derzeit liegen sechs Gummibälle in meinem Garten. Wir haben zwei kleine Tore dort stehen, und manchmal kicke ich ganz alleine mit mir, renne mit 53 Jahren von einem Tor zum anderen und jage den Ball in die Maschen oder auch in den Garten meiner lieben Nachbarn. Früher, in meiner Kindheit, gab es da nicht selten Stress, wenn wir so manches Gemüse und manche Scheibe zerstörten.

Egal was die große weite Welt aus diesem Sport gemacht hat, ein Millionen-, ja, sogar ein Milliardengeschäft. Einige meiner Bekannten meinen, dass sie kein Fußball mehr schauen, weil dies alles ein verlogenes und verkommenes Geschäft geworden sei. Das mag sein, ich sehe oft nur einen Ball und meine eigene Unbekümmertheit und die Freude am Spiel an sich. So ist es mit vielem. Unsere Hände können Segen oder Fluch sein, einander helfen oder verletzen. Geld können wir für das Gute einsetzen oder auch für traurige Dinge. Die Frage ist, was machen wir daraus? Wem gehört unser Herz? Wofür bzw. für wen schlägt es? Bist du ein Kind Gottes und lebst in wahrer Freiheit? Oder bist du ein Sklave? Ich möchte das ein wenig näher erklären.

Wenn wir unsere Identität daran festmachen, was andere über uns denken, dann werden wir zu Sklaven ihrer Meinung. Hängt dein Herz nur an deinem Beruf, dann wirst du große Probleme haben, wenn du eines Tages nicht mehr arbeiten kannst, warum auch immer. Baust du ausschließlich auf Materialismus, dann musst du horten; du wirst geizig sein und die Freude des Gebens nie erfahren, du wirst zum Sklaven des Geldes.

Ich gehöre zu Gott, ich habe mich entschlossen, sein Kind zu sein. So wie ich mich 2007 dafür entschieden habe, Sohn sein zu wollen, so habe ich eine feste Entscheidung getroffen, Gottes Kind zu sein. Das ist meine Identität. Weder Kampfsport noch Fußball noch mein Beruf geben mir Identität, nein, all dies macht mir einfach nur große Freude.

Sehr oft habe ich im Kofferraum meines Wagens einen Ball liegen, für alle Fälle. Eines Tages waren wir auf der Rückreise von einem Projekt und kamen in einen Mega-Stau auf der A7. Da holte ich meinen blauen Gummiball aus dem Kofferraum und spielte mitten auf der Autobahn. Binnen kürzester Zeit wurde ein Teil der Straße zum Spielfeld vieler erwachsener Männer, die sich nie zuvor gesehen hatten. So einfach kann es sein. „Werdet wie die Kinder", lautete die Aufforderung von Jesus einst. Welche Unbekümmertheit. Kein Druck, kein Mobbing, keine Gewalt, kein „Pass auf, was du sagst" oder sonst etwas; da kickten einfach ein paar Männer an einem Nachmittag mitten auf der Autobahn und machten das Beste aus dieser Situation.

Wenn ich an irgendwelchen Schulen unterwegs bin, jubelt mein Herz, wenn ich sehe, dass sie vor dem Unterricht oder in der Pause auf dem Schulhof miteinander Fußball spielen. So war es auch bei mir einst. Wie schwer meine Schulzeit auch oft war, so wurde manche große Pause doch ein Stück weit zur Oase für mich, wenn ich mit ein paar anderen kicken konnte, die nicht zu denen gehörten, die mich regelmäßig quälten. Wir benutzten damals einen Tennisball, und wenn selbst dieser nicht zur Verfügung stand, dann spielten wir mit einer Blechbüchse. Wenn ich von Schülern gefragt werde, was denn früher meine Lieblingsfächer waren, dann antworte ich stets: „Sport und große Pause."

Ich glich (und gleiche) manchmal einem Hund, der rennt, wenn das Stöckchen geworfen wird. Ja, so war das, und gerade muss ich beim Schreiben schmunzeln.

Es ist schon viele Jahre her, da war ich im Osten unseres Landes unterwegs. Ich hielt dort mehrere Vorträge. Ich bin gerne in den sogenannten neuen Bundesländern; irgendwie habe ich da bei vielen Leuten eine besondere Bescheidenheit erlebt, so zumindest meine persönliche Wahrnehmung.

Ich durfte dann an einem Wochenende zu Gast in einem „Armencafé" sein. Dort wurden sozial schwache Menschen mit ihren Lieben von einer christlichen Gemeinde zu Kaffee und Kuchen eingeladen. Aber was ist schon Armut? Man kann materiell reich sein und doch so arm, und man kann kaum Mittel zum Leben haben und doch so reich an Liebe sein.

Ich durfte an diesem Nachmittag zu diesen von Gott so sehr geliebten Menschen sprechen. Ich konnte und kann sie so gut verstehen. Ich kann fühlen, wie sie sich fühlen. Ihre Zweifel, ihre inneren Kämpfe, ihre Scham, all das kann ich fühlen, weil ich es selbst durchlebt habe. Ich bin einer von ihnen. Ich komme nicht mit einem theoretischen Wissen, sondern mit einem Herzen, das auch all das fühlen musste, oder vielleicht sogar ertragen durfte. Warum schreibe ich das so? Ehrlich gesagt, fehlen mir dafür die richtigen Worte. Aber ich will versuchen, es euch ein wenig zu erklären.

Ich habe Armut erlebt, also verstehe ich Menschen, die in Armut leben. Ich wurde geschlagen, getreten, bespuckt und gemobbt, also kann ich alle jene verstehen, die dies ebenso erleiden. Ich wurde selbst zum Täter und mobbte andere, und ich war ein Dieb. Ich habe in Läden gestohlen, und sogar meiner Mama und meiner Oma stahl ich Geld. Ich verstehe Leute, die mobben und klauen. Ich war mit 18 Jahren wohnungslos, deshalb verstehe ich jene, die keine Wohnung haben. Ich war ein Getriebener. Heute verstehe ich Menschen, die auf der Flucht vor sich selbst sind. Und ich erlebte Katastrophen und war in Lebensgefahr, deshalb verstehe ich alle, die Ähnliches erleiden, weil ich selbst es erfahren habe.

Deshalb kann ich sagen: „Ich durfte das ertragen", weil ich durch dieses Ertragen Menschen in den gleichen oder ähnlichen Situationen verstehen und ihnen sogar helfen kann. Durch Jesus müssen mir und anderen all die Scherben und das Chaos meines Lebens zum Guten mitwirken. Gottes Liebe hat hier nicht nur Ordnung hineingebracht, sondern etwas ganz Neues daraus gemacht, wodurch nicht nur mir, sondern auch anderen Menschen geholfen wird. Ich wünsche dir von ganzem Herzen, dass auch du das erlebst!

Vielleicht denkst du jetzt, dass ich dich ja nicht kenne und letztendlich keine Ahnung habe, wer dieses Buch liest. Da hast du Recht, aber ich weiß, dass Gott es weiß; und es wird einen Grund haben, warum du das hier jetzt liest. Vielleicht kennst du den Grund sogar bereits.

Nachdem ich an diesem Nachmittag den Vortrag gehalten hatte, spürte mein liebevolles Publikum, dass da einer stand, der sie verstand. Im Anschluss an meinen Vortrag durfte ich viele unbeschreiblich wertvolle Gespräche führen. Einige Tränen flossen, und so manchen Gast konnte ich an diesem Tag kurz in meinen Armen halten.

Auf einmal sah ich zwei Kids, die mit einem alten Ball vor dem Gemeindehaus hin und her kickten. Nun konnte mich kaum noch etwas halten. Ich ging raus zu den Jungs und wir spielten uns die Kugel gegenseitig zu. Dann kamen noch andere hinzu und es wurden immer mehr. Schließlich beschlossen wir, ein richtiges Spiel zu machen und bildeten zwei Mannschaften. Alles war dabei, jedes Geschlecht und fast jedes Alter. Und so durfte ich an diesem Tag eines meiner schönsten Fußballspiele überhaupt erleben. Ich glaube, dass niemand mehr im Gemeindehaus war: Wer nicht mit uns dem Ball nachjagte, der stand am Straßenrand und jubelte uns zu.

Ich muss eben kurz meine Augen schließen. Ich trage Kopfhörer beim Schreiben und höre wunderschöne Melodien nebenbei. Noch einmal tauche ich in diesen Nachmittag ein, mit dem Ball und den vielen wunderbaren Menschen, mit denen ich spielen durfte, und sehe die glückliche, jubelnde Menge. Bin gleich wieder da ☺ ...

***

... So, da bin ich wieder.

Gekonnt dribbelte ich mich mit meinem leichten Übergewicht durch die Menge. Ein Gefühl von Freiheit. Keine hasserfüllten Gesänge von den Rängen, sondern einfache, liebevolle Menschen an der (gedachten) Außenlinie. Freude, grenzenlose Freude bei Jung und Alt, bei Klein und Groß. Hier ging es nicht um ein Millionengeschäft und wer wohl was über den anderen denkt, sondern wir hatten einfach eine unbeschwerte Zeit und waren glücklich. Ich glaube, keiner von uns dachte während des Spiels an die Sorgen des grauen Alltags. Ich wünsche uns allen solche himmlischen Momente, wo wir ein Miteinander haben, und kein Gegeneinander.

An diesem Tag war es nicht wichtig, wer gewinnt oder verliert. Die Liebe siegte. Es war Leben auf der kleinen Seitenstraße, und kein einziges Auto störte an diesem Nachmittag die kleine, einfache, liebevolle und himmlische Spielgemeinschaft. Wisst ihr, was ich glaube? Ich glaube fest daran, dass

Jesus selbst dabei war, dass er sich über jedes Lachen freute und sogar mitlachte. Er war mitten unter uns, denn das hat er uns versprochen, wo zwei oder drei in seinem Namen versammelt sind. Der ICH BIN FÜR DICH DA war mit absoluter Sicherheit anwesend.

Vor einiger Zeit lief ich durch mein geliebtes Dorf, in dem ich schon fast in jeder Gasse gekickt habe. Da traf ich eine alte Oma, die heute 91 Jahre ist. Sie erkannte mich, und wir beide freuten uns so sehr, dass wir uns nach so langer Zeit wiedersahen. Als ich sie fragte, wie es ihr denn ginge, da wurde sie nachdenklich und traurig und meinte: „Früher war so viel Leben hier. In den Straßen wurde gespielt, getobt und so viel gelacht. Abends saßen die Leute draußen und sangen, machten Musik und redeten bis tief in die Nacht. Ja und manchmal wurde auch gestritten, aber man kam wieder miteinander klar und war meist nicht nachtragend. Ich vermisse dies alles. Das Lachen der spielenden Kinder, die Musik. Heute sind viele alleine, sind verbittert und sitzen oft stundenlang hinter ihren Computern oder vor den Fernsehgeräten …"

Ihre Worte und die Art und Weise, wie sie sprach, machten auch mich nachdenklich und traurig.

Nein, früher war auch nicht alles besser, aber manches schon. Lasst uns nicht klagen, dass die Welt sich verändert hat, sondern lasst uns diese Welt zu einem besseren Ort machen. Belebt die Sportplätze und die Straßen wieder. Schaut nicht auf das, was nicht geht, sondern auf das, was möglich ist. Und mit Gottes Hilfe kann das Unmögliche gelingen – wie damals in der ostdeutschen Stadt, an diesem Nachmittag. Es war nur ein Ball nötig und ein paar Menschen, die bereit waren, die Straße in ein himmlisches Spielfeld zu verwandeln. Dort, wo Liebe gelebt wird, ist ein Stück vom Himmel. Es kann mitten in einem Stau sein, in einem Garten oder in einer kleinen Seitenstraße.

Ich bin bereit. Zu jederzeit, an jedem Ort. Wir benötigen nur einen Ball und ein paar coole Typen – und los geht's: Ein Stück vom Himmel, hier und jetzt …

23 – Fußball-ABC

Während ich an diesem Buch schrieb, kam mir immer wieder der Gedanke, mich selbst ein wenig herauszufordern. Ich fragte mich zum Beispiel, was mir spontan zu jedem Buchstaben des Alphabets zum Thema „Fußball und mein Leben" einfallen würde. Vielleicht kannst du das ja auch für dich machen oder als Spiel mit anderen. Wenn du magst, kannst du es machen, bevor du meine Liste liest, und wir schauen einmal, wie viele Übereinstimmungen wir haben. Also, ich verspreche, ich mache mir pro Buchstaben keine großen Gedanken und tippe einfach ein, was mir spontan einfällt ☺:

A: *„Auge"* – Spitzname von Klaus Augenthaler

B: *„Bomber der Nation"* – Dazu muss ich weiter nichts sagen

C: *Criens* – Hans-Jörg Criens, einst ein toller Stürmer, leider vor wenigen Jahren verstorben.

D: *Dribbeln* – Ja, das mochte ich gerne.

E: *Europameisterschaften* – eine besondere Zeit für mich ☺.

F: *Fairness* – Sehr, sehr wichtig, nicht nur beim Fußball.

G: *Gladbach* – Mein Papa mochte die (sowie 16 weitere Vereine ☺).

H: *HSV* – Hier muss ich besonders an Horst Hrubesch, Manni Kaltz und Felix Magath denken, alles Spieler zu meiner Jugendzeit. Ach, Hrubesch und Kaltz, die mochte Papa besonders. Die machten den Bayern das Leben oft schwer, vielleicht deshalb.

I: *Inter Mailand* – Die mochte ich, weil ich den Karl-Heinz Rummenigge gut leiden konnte, der da mal spielte.

J: *Jugendfußball* – Ich spielte in der C-, B- und A-Jugend.

K: *Kreisliga* – Ich mag Kreisliga-Fußball – ich, der Kreisliga-B-Christ ☺.

L: *Libero* – Franz Beckenbauer; oder auch der Film mit Thomas Ohrner: „Manni der Libero". Wenn euch Fußball interessiert, besorgt euch irgendwo diese Serie.

M: *München* ☺

N: *Nachtweih* – Bei den Bayern spielte in den 80-igern Norbert Nachtweih. Er fiel besonders durch seine blonden Haare auf und bestimmt auch durch die Art, wie er kickte ☺.

O: *Otto Rehhagel* – eine Trainerlegende

P: *Peter Neururer* – auch eine Trainerlegende

Q: *„Quälix"* – Dies ist der Spitzname des Trainers Felix Magath – man kann sich vorstellen warum 😜.

R: *Rudelbildung* – Gibt's nicht nur in der Tierwelt, sondern vermehrt auf Fußballplätzen ☺.

S: *„Stödtlen"* – ein Dorfverein in meiner Gegend. Da habe ich besonders „auf die Knochen" bekommen. Sorry ihr lieben Leute von Stödtlen, das waren meine spontanen Gedanken beim Buchstaben „S" 😜.

T: *Tore, Titel & Tiefpunkte*

U: *Uerdingen* – in meiner Jugend spielte *Bayer 04 Uerdingen* in der Bundesliga ...

V: *VFB Stuttgart* – Die mag ich, und ich hoffe, sie steigen nicht mehr ab; aber die Bayern mag ich ein bisschen mehr ☺.

W: *Wasserball* – Man kann zwar im Wasser nicht kicken, trotzdem tobe ich gerne auch im Wasser mit einem Ball herum und mache das Beste daraus ☺.

X: Huch, da muss ich kurz überlegen ... Aber jetzt hab ich's: *Xamax* – ein ehemaliger deutscher Nationalspieler, Uli Stielike, spielte bei *Xamax Neuchatel*.

Y: *Young Boys Bern* – ein Schweizer Fußballclub

Z: *Zeitspiel* – mag ich gar nicht!

Das hat mir jetzt echt Mega-Spaß gemacht. Die Schweizer waren besonders bei XY meine Rettung. (Apropos XY: Seit meiner Kindheit schaue ich die Sendung „Aktenzeichen XY" an und laufe danach durchs Hause und kontrolliere ganz, ganz genau, ob Fenster und Türen verschlossen sind. – Dies nur am Rande.)

Auch wenn Fußball nicht so wichtig ist (manche bezeichnen ihn als die schönste Nebensache der Welt), rede ich gerne über Fußball. Oft ist dies der Einstieg in ein tieferes Gespräch. Man kann zwar nicht ständig tiefsinnige Gespräche führen, aber ausschließlich oberflächliche Gespräche mag ich auch nicht – die gesunde Mischung macht es wohl.

Ich empfand das Fußball-ABC jetzt als willkommene Abwechslung und vielleicht buchstabierst du nun dein persönliches Fußball-ABC durch oder ein ABC zu einem ganz anderen Thema. Mir hat es jedenfalls echt Spaß gemacht, sogar alleine.

24 – Das himmlische Team

Egal wohin man schaut, wo keine Einigkeit herrscht, kommt kein wahrer Frieden auf. Dort kommt keine gute Frucht zustande. Es gibt so einige bekannte Fußballvereine, in denen oft gestritten wurde und wo man die Trainer gefühlt alle fünf Minuten entließ. „Auf dem Platz müsst ihr elf Freunde sein", hat einmal vor langer Zeit jemand gesagt. Ein naiver Wunsch? Vielleicht, und doch ist dieser Wunsch ein Stück vom Himmel. Wahre Freunde stehen füreinander ein, nehmen einander an, so wie sie sind, gemäß dem Motto: Einer für alle, alle für einen.

Besonders seit Jesus meinen Papa und mich so unendlich beschenkt hat, seit mir offenbar wurde, dass ich wahres Glück nur bei Gott finde, ja, dass er selbst mein Glück ist, seit dieser Zeit spreche ich mehr und mehr über mein Herz und bin auch in vielen Gemeinden, in verschiedenen Ländern eingeladen. Es gibt ja einige unterschiedliche christliche (Vorsicht, es kommt ein Fremdwort) Denominationen. Googelt nach, was das genau bedeutet. Es gibt halt im christlichen Glauben viele Gruppen; da legen die einen mehr Wert auf dieses und die anderen mehr auf jenes. Für mich als Kreisliga-B-Christ ist das total kompliziert. Ich bin da raus aus der Nummer. Die Unterschiede können von mir aus sein, aber darüber zu streiten und sich abzugrenzen, das finde ich traurig.

In Thüringen war ich einmal zu einem Vortrag in einer riesigen Zeltstadt eingeladen. Außerhalb des Lagers stand ein großes Kreuz. Dort traf man sich zum Beten, und da sagte ein weiser Mann zu mir: „Aus allen Richtungen sollen und dürfen sie kommen, hier zum Kreuz, zu Jesus, unserem Mittelpunkt."

So soll es sein. Es ist nicht entscheidend, was uns (angeblich) trennt, sondern wer uns verbindet – Jesus!

Immer wieder kommt es vor, dass Christen um die Unterschiede streiten. Ich hatte in dieser Beziehung früher auch eine große Klappe. Doch seit dem Unfall meiner Familie und meinem Herzinfarkt ziehe ich mich von solchen Diskussionen zurück. Viel zu anstrengend für mein kleines Köpfchen und mein kleines Herz.

Mir fällt gerade ein, dass ich öfters einen Freund besuche; es ist der, dem Manuel Neuer 2017 diese Weltklasse-Sprachnachricht übermittelte. Dieser Freund fand zum Glauben an Jesus. Dort verbrachte ich so manche kostbare Stunden, und einmal waren noch zwei andere ehemalige Intensivstraftäter dabei. Da saßen wir zu dritt in diesem kleinen Wohnzimmer. Die drei Männer zusammen hatten insgesamt ca. 30 Jahre hinter Gittern abgesessen und es wurde nicht über diverse Unterschiede gesprochen, sondern allein von Jesus war die Rede. Mit diesen drei Burschen durfte ich an diesem Tag beten. Manchmal, wenn ich irgendwo merke, dass die Leute über den Glauben streiten, ziehe ich mich am liebsten zurück und sehne mich danach, mit diesen dreien in dem kleinen Wohnzimmer auf dem Sofa zu beten. Wir waren damals einfach nur eins in Christus.

„Liebt einander!", gab Jesus uns als neues Gebot mit und machte klar, dass die Welt an dieser Liebe erkennen würde, dass wir zu ihm gehören.

Wenn ein Team nicht eins ist, was soll aus dem Team werden? Wenn der Stürmer keinen Ball von den Mittelfeldspielern bekommt, wer schießt dann die Tore? Wenn der Torwart keine Lust hat, wie sehr leidet die ganze Mannschaft darunter? Alle werden gebraucht. Ein jeder spielt an der Position, wo sein Trainer ihn aufgestellt hat. Wenn einer nicht mehr richtig mitmacht, dann leidet das ganze Team darunter. Jesus sehnt sich nach Einheit, nach unserer Liebe füreinander und der Liebe zu ihm.

Jetzt möchte ich euch ein Gebet bekanntmachen, das so unbeschreiblich schön, so kostbar und wertvoll ist (wie auch das Vaterunser). Ihr werdet darin immer wieder von dem EINS-Sein

lesen. Jesus sprach es unmittelbar vor seinem Tod. Ein Ver-
mächtnis, eine Strategie fürs Leben, eine Bitte, geknüpft aus
Hoffnung und Liebe für dich und mich, damit wir alle EINS sind:

*Nachdem Jesus all das gesagt hatte, blickte er zum Himmel
auf und sagte: „Vater, die Zeit ist gekommen. Verherrliche
deinen Sohn, damit er dich verherrlichen kann. Denn du hast
ihm Macht über alle Menschen auf der ganzen Welt gegeben.
Er schenkt allen, die du ihm gegeben hast, das ewige Leben.
Und das ist der Weg zum ewigen Leben: dich zu erkennen,
den einzig wahren Gott, und Jesus Christus, den du in die
Welt gesandt hast. Ich habe dich hier auf Erden verherrlicht,
indem ich alles tat, was du mir aufgetragen hast.*

*Und nun, Vater, verherrliche mich mit der Herrlichkeit, die
wir schon teilten, ehe die Welt erschaffen wurde. Ich habe
deinen Namen diesen Menschen offenbart. Sie waren in der
Welt, doch dann hast du sie mir gegeben. Sie haben dir
schon immer gehört, und du hast sie mir gegeben, und sie
haben dein Wort bewahrt. Jetzt wissen sie, dass alles, was
ich habe, von dir ist, denn ich habe ihnen die Worte weiter-
gegeben, die du mir mitgegeben hast. Sie haben diese Worte
angenommen und wissen, dass ich von dir gekommen bin;
und sie glauben, dass du mich gesandt hast. Mein Gebet gilt
nicht der Welt, sondern denen, die du mir gegeben hast,
weil sie dir gehören. Weil sie die Meinen sind, gehören sie
auch dir; doch du hast sie mir gegeben, damit ich durch sie
verherrlicht werde!*

*Jetzt verlasse ich die Welt; ich lasse sie zurück in der Welt
und komme zu dir. Heiliger Vater, bewahre sie in deinem
Namen, den du mir gegeben hast, **damit sie eins sind, so
wie wir eins sind.** Während meiner Zeit hier auf Erden habe
ich sie bewahrt. Ich habe über sie gewacht, sodass nicht einer verloren ging außer dem, der den Weg des Verderbens
beschritt, so wie es die Schrift vorausgesagt hat. Jetzt aber
komme ich zu dir. Ich habe ihnen vieles gesagt, während*

ich in der Welt war, damit sie von meiner Freude vollkommen erfüllt sind. Ich habe ihnen dein Wort gegeben. Die Welt hasst sie, weil sie genau wie ich nicht zur Welt gehören. Ich bitte dich nicht, dass du sie aus der Welt herausnimmst, sondern dass du sie vor dem Bösen bewahrst. Sie gehören genauso wenig zu dieser Welt wie ich. Reinige sie und heilige sie, indem du sie deine Worte der Wahrheit lehrst. Wie du mich in die Welt gesandt hast, so sende ich sie in die Welt. Und ich gebe mich ganz für sie hin, damit auch sie durch die Wahrheit ganz dir gehören.

Ich bete nicht nur für diese Jünger, sondern auch für alle, die durch ihr Wort an mich glauben werden. Ich bete für sie alle, dass **sie eins sind**, so wie du und ich **eins sind**, Vater – damit **sie in uns eins sind**, so wie du in mir bist und ich in dir bin, und die Welt glaubt, dass du mich gesandt hast. Ich habe ihnen die Herrlichkeit geschenkt, die du mir gegeben hast, damit **sie eins sind, wie wir eins sind** – ich in ihnen und du in mir, damit sie alle zur **Einheit** vollendet werden. Dann wird die Welt wissen, dass du mich gesandt hast, und wird begreifen, dass du sie liebst, wie du mich liebst.

Vater, ich möchte, dass die, die du mir gegeben hast, bei mir sind, damit sie meine Herrlichkeit sehen können. Du hast mir die Herrlichkeit geschenkt, weil du mich schon vor Erschaffung der Welt geliebt hast! Gerechter Vater, die Welt kennt dich nicht, aber ich kenne dich, und diese Jünger wissen, dass du mich gesandt hast. Ich habe ihnen deinen Namen offenbart und werde ihn auch weiterhin offenbaren. Das tue ich, damit deine Liebe zu mir in ihnen bleibt und ich in ihnen" (Johannes 17, eigene Hervorhebungen).

„Liebst du mich?", wurde Petrus von Jesus gefragt. Und du, hast du ihn lieb? Ich für mich kann ihm nur ein „Ja!" entgegenflüstern. Ich, der Kreisliga-B-Christ, habe nicht viel aufzuweisen, aber ich liebe meinen HERRN und möchte mein Herz mehr und mehr von ihm gesundlieben und formen lassen.

Was machen wir nun mit diesem Gebet, mit dieser himmlischen Hoffnung für unser himmlisches Team? Ich kann nur für mich sprechen und möchte in der Position spielen, die mir mein Trainer Jesus zugeteilt hat. Seine Spielstrategie entnehmen wir der Bibel. Falls du neu im Team bist und jetzt erst dazukommst, dann empfehle ich dir das Johannesevangelium; du findest es im Neuen Testament.

Bleib am Ball und lies jeden Tag ein bis zwei Kapitel. Wenn du etwas nicht verstehst, egal, lies einfach weiter. Trauere nicht lange einem Fehlpass nach, sondern konzentriere dich auf deine nächste Aktion.

Egal wo dich unser Coach hinstellt, er kennt dich und deine Fähigkeiten genau, denn er hat dich geschaffen, und er ist der Geber aller Gaben; er weiß, wo der beste Platz im Team für dich ist. Egal, ob du im Tor bist, in der Abwehr, im Mittelfeld oder im Sturm, gib dein Bestes, dort wo du bist, mit dem, was du hast – und das mit deiner ganzen Liebe. Was in diesem Leben nicht vollkommen wird, wird bei ihm vollkommen sein. Wir werden die ganze Ewigkeit benötigen, um den Sieg zu feiern.

Ein sterbender Mann sagte mir einmal sehr eindringlich, während er mir entschlossen in die Augen schaute und ganz fest meine Hand hielt: „Auch wenn ich jetzt sterbe, ich habe das Leben schon gewonnen, weil Jesus in meinem Herzen lebt."

Egal was kommt, mit Jesus haben wir schon gewonnen, selbst wenn die äußeren Umstände alles andere als schön und von Ruhm geprägt sind. Mitten im Sturm möchte der ICH BIN ES uns Ruhe schenken. Auch wenn der Gegner uns übermächtig erscheint, lass deinen Kopf nicht hängen. „Immer aufrecht sein, mein Junge!", höre ich meinen Onkel Heinz.

Ich schaue hinauf zu den Bergen – woher wird meine Hilfe kommen? Meine Hilfe kommt vom HERRN, der Himmel und Erde gemacht hat. Er wird nicht zulassen, dass du stolperst und fällst; der dich behütet, schläft nicht (Psalm 121,1-3).

Ich wünsche mir so sehr, dass du und ich im selben Team spielen. Kein böses Wort möge in unsrem Team fallen, im Gegenteil, es soll so sein, dass wir einander ermutigen.

Ermutigt einander jeden Tag (Hebräer 3,13).

So lasst uns gemeinsam eins sein: rennen, grätschen, köpfen, verteidigen und stürmen in diesem himmlischen Team. Und jeder, der uns spielen sieht, soll die Handschrift unseres Coaches sehen, des besten Trainers des ganzen Universums. Wer unsere Art und Weise des Spiels erlebt, in dem muss die Sehnsucht geweckt werden, ebenfalls in unserem Team zu spielen, weil er spürt: Dieses Team ist anders als alle anderen. Wir fallen nicht durch böses Geschrei auf, sondern durch Worte der Ermutigung und des Trostes. Wir spielen nicht Foul, und falls doch, besitzen wir die Größe, dem anderen aufzuhelfen und ihn um Verzeihung zu bitten.

Die Zeiten werden härter, das Spiel ruppiger, und vieles kostet uns sehr viel Kraft; umso wichtiger, dass wir eine Einheit sind.

Doch die, die auf den HERRN warten, gewinnen neue Kraft. Sie schwingen sich nach oben wie die Adler. Sie laufen schnell, ohne zu ermüden. Sie gehen und werden nicht matt (Jesaja 40,31).

Auch wenn der Gegner ein Powerplay aufzieht und wir uns inmitten einer Abwehrschlacht beweisen müssen, vergiss nicht, unter welcher Flagge du und ich spielen und wer unser Coach ist.

Sie bedrängten mich und griffen mich an, doch ich wehre sie alle ab im Namen des HERRN (Psalm 118,11).

Wenn unsere persönliche Spielzeit zu Ende ist, mögen wir nicht mit der Entscheidung hadern, sondern unserem Coach vertrauen, dass er weiß, warum er uns vom Spielfeld beruft, so, wie es auch seine Entscheidung war, uns spielen zu lassen. Mögen wir dann voller Strahlen das Spielfeld verlassen, so wie meine Oma damals im Kreiskrankenhaus in Bopfingen, als sie gehen musste bzw. durfte. Mögen auch wir mit Dankbarkeit unserem Coach entgegenlaufen. Dankbar für die Zeit, in der wir spielen durften.

Solange du auf dem Spielfeld des Lebens bist, verliere nie das Ziel aus den Augen. Sei zuverlässig und treu, selbst in Zeiten, in denen wir fast pausenlos von schlechten Nachrichten bombardiert werden; in denen die Medien sich wegen Viren, Klima und Krieg überschlagen und eine Horrormeldung nach der anderen uns überfällt. Richte deinen Blick auf das Ziel, auf Jesus. Gib seine Liebe wie ein „Virus" an viele weiter. Sei ein „Klimaaktivist" und sorge für ein besseres Klima in deinem Umfeld: in deiner Familie, im Verein, an der Uni, in der Schule oder in den Gemeinden, wo immer du auch bist. Sei jemand, der nicht von Nationen erwartet, dass sie Friedensverhandlungen führen, mach vielmehr du Frieden in deiner Umgebung, wo immer du kannst. Wer dir und mir begegnet, den himmlischen Teamkollegen, sollte der Liebe Gottes und seinem Frieden begegnen. Lauf weiter, dem Ziel entgegen. Der Preis, den wir erhalten, kann nicht von Dieben gestohlen werden oder verstauben und verrosten; unser Preis ist ewiglich und an Schönheit nicht zu übertreffen. Paulus sagt:

Wisst ihr nicht: Die im Stadion laufen, die laufen alle, aber nur einer empfängt den Siegespreis? Lauft so, dass ihr ihn erlangt.
Jeder aber, der kämpft, enthält sich aller Dinge; jene nun, damit sie einen vergänglichen Kranz [Siegespreis] empfangen, wir aber einen unvergänglichen.
Ich aber laufe nicht wie ins Ungewisse; ich kämpfe mit der Faust nicht wie einer, der in die Luft schlägt …

(1. Korinther 9,23-26 LUT; eigene Ergänzung in Klammern).

Ich wünsche mir so sehr, dass du in SEINEM Team spielst. Falls noch nicht, so hoffe ich, dass du eines Tages mit mir und den anderen für den wunderbarsten Trainer der Welt spielen möchtest. Wir spielen dort nicht, weil wir es durch besondere Leistung verdient hätten, sondern allein aus Gnade, aus unendlicher Liebe heraus. Wir dürfen so in dieses Team kommen, wie wir sind. Bei ihm werden wir aber nicht so bleiben, wie wir waren. Er wird uns formen und seine Liebe wird uns verändern. Wir werden mit Freude mehr und mehr seine Strategie annehmen und in die Tat umsetzen. Auch wenn Zweifel und Müdigkeit nicht ausbleiben werden, der Coach wird uns immer und immer wieder in unendlicher Geduld und Liebe begegnen.

Allen Respekt vor Trainern wie Pep Guardiola, Hansi Flick, Thomas Tuchel, Ancelotti oder auch „The Special One" (José Mourinho) oder „The Normal One" (Jürgen Klopp), aber der Trainer aller Trainer, der Beste, der Liebevollste, der wollte mich persönlich in seinem Team haben; und auch dich will er unbedingt dabeihaben. Falls du noch nicht in seinem Team bist, jetzt und hier kann ich dir garantieren: ER will dich wirklich in seinem Team haben!

Ich las mal von einem Nationalspieler, dass er völlig ausflippte, als er eine Einladung vom DFB bekam. Diese Nachricht kam damals jedoch nur vom DFB, von Joachim Löw. Heute übermittle ich dir im Namen Gottes eine Einladung von ganz, ganz oben. Unser Team ist unvollständig, solange du nicht bei uns bist.

„The Normal One", Jürgen Klopp, lässt sich übrigens auch von Jesus coachen. Er hat ihn ebenfalls lieb. Und es sind viele, sehr viele, die ihn lieben; und ich hoffe es werden mehr und mehr, die alle im TEAM JESUS spielen wollen.

25 – Zeitreise im Schnelldurchlauf

Für mich selbst ist das Schreiben an diesem Buch eine unfassbare Zeitreise. Vieles durchlebe ich noch einmal, manches vergessen Geglaubte ist wieder da. Ich sehe mein Leben wie in einem Zeitraffer. Als kleiner Bub war ich auch von der Zeitlupe ganz begeistert. So manches Erlebte möchte man sich nicht unbedingt noch einmal anschauen, sondern am liebsten ausblenden, weil es einfach zu schmerzhaft ist.

Wenn man einen alten Kellerraum betritt und das Licht anmacht, kann es sein, dass sämtliches Ungeziefer sich blitzschnell in irgendeinen Unterschlupf verkriecht. So ist es auch mit den Dingen in unseren Herzen: mit der Schuld, die wir auf uns geladen haben, und der Liebe, die wir nie gegeben haben. Als Jesus, das Licht der Welt, in mein Leben kam, kam so einiges ans Licht. Ich stelle mich dem „Ungeziefer", und Stück für Stück wird aufgeräumt. Manches von früher, was ich heute wieder betrachte, das einst sehr schmerzhaft war, ist jetzt geheilt, und ich kann es mir offen „in der Zeitlupe" anschauen. Manches andere ist noch in Arbeit und der Blick darauf noch sehr schmerzhaft.

Dieses Buch ist für mich selbst eine sehr wertvolle Zeitreise. Ich schaue mir mit Dankbarkeit meine vergangenen Jahre an und bin erstaunt, wie schnell doch die Zeit vergangen ist.

Ein paar Fußballereignisse, aber auch ein paar andere Dinge möchte ich mit euch jetzt im Zeitraffer betrachten, einiges auch in Zeitlupe, verlangsamt und detailliert. Kommt, begleitet mich ein wenig durch diese kleine Zeitreise:

1970 – Ich werde um 15.58 Uhr im Kreiskrankenhaus Bopfingen geboren.

1972 – Deutschland wird Fußball-Europameister; ich bekomme nichts davon mit.

1974 – Deutschland wird Weltmeister und Gerd Müller schießt das entscheidende Tor. Sehr schwach kann ich mich noch daran erinnern.

Ich habe meine ersten Fußballerlebnisse mit einem Nachbarjungen namens Simon (ich habe ihn das letzte Mal in der Schulzeit gesehen). Gelegentlich schießen wir den Ball in den Garten einer alten Dame, und sie rückt ihn nicht mehr heraus oder zerstört ihn auch manchmal mit einer Schere. Oft sehen wir es auch als Mutprobe an, den Ball aus dem Garten wieder herauszuholen. (Ich glaube, die Dame war sehr traurig und verbittert.)

Zoom & Zeitlupe: Zu jener Zeit spielte ich Fußball in dem kleinen Garten meiner anderen Oma, die 2010 verstarb. Dort gab es Stangen, an denen die Wäscheleine gespannt war, diese dienten uns als Torpfosten. Erst kürzlich war ich mit meinem Sohn an diesem Haus, in dessen Garten ich vor fast 50 Jahren gekickt habe. Die heutigen Besitzer baten mich freundlich herein und zeigten mir alles. Was für eine Zeitreise! Die „Tore" von einst standen immer noch. Mit meinen Händen hielt ich mich daran fest, dort wo meine kleinen Kinderhände sich schon 1974 festgehalten hatten. In Gedanken tobte ich mit den Kids der damaligen Zeit noch einmal im Garten herum.

1976 – Ich werde eingeschult, und in der Grundschule schauen wir uns einen Dokumentarfilm über „Pelé" an. So will ich am liebsten auch kicken können. Im selben Jahr schenkt mir jemand ein Fußballbuch über die Weltmeisterschaft von 1974. Es ist eines der wertvollsten Dinge, die ich als Kind besitze.

Europameisterschaft 1976 – Wir verfolgten die Spiele an unserem alten Schwarz-Weiß-Fernseher; Papa hat eine Fernbedienung: Mich ☺. Am Sonntag, den 20. Juni 1976, findet das

Endspiel in Belgrad gegen die Tschechoslowakei statt. Nach 90 Minuten und nach der Verlängerung steht es immer noch unentschieden, und so gibt es ein Elfmeterschießen. Was für eine Dramatik, als Uli Hoeneß den entscheidenden Elfmeter verschießt und den Ball in den Nachthimmel von Belgrad befördert. Ist das wirklich passiert? Wir, die Weltmeister, geschlagen?

1978 – Weltmeisterschaft in Argentinien. Von irgendwoher bekomme ich ein T-Shirt mit dem Schriftzug „Argentina 78" und das zugehörige Maskottchen „Gauchito". Wieder verfolge ich mit meinem Papa die Spiele am TV. Die Hoffnung, trotz des Debakels in Belgrad Weltmeister zu bleiben, ist groß. Doch im Gegenteil, es wird noch schlimmer; das Spiel vom 21. Juni geht als „die Schmach von Cordoba" in die Geschichte ein (oder auch als „das Wunder von Cordoba", je nachdem aus welcher Sicht man das Spiel betrachtet, aus der deutschen oder der österreichischen). Also wieder nichts. Es herrscht schlechte Stimmung, nicht nur in unserem kleinen Wohnzimmer, sondern gefühlt im ganzen Land.

1979 – Ich starte meine Fußballkarriere ☺. Ach ja, und ich gewinne meine erste Siegerurkunde bei den Bundesjugendspielen.

Zoom & Zeitlupe: Ich mochte diesen Wettkampf. (Ich weiß, dass darüber viel diskutiert wird. Aber wir Kinder messen uns irgendwo doch immer. Wer kann länger einen Ball jonglieren? Wer kann länger die Luft anhalten? Wer kann am schnellsten laufen? Wer klettert am höchsten? Wer kann am meisten stemmen usw.? Hier lernt man gewinnen und verlieren. Es ist ein Stück vom Leben selbst.) Denjenigen, die mich während meiner Schulzeit quälten, habe ich es bei den Bundesjugendspielen so richtig gezeigt. Sie haben so oft über mich gelacht und mich gedemütigt, aber hier warf ich den Ball weiter, lief auf 100 Meter schneller und hüpfte weiter in die Sandgrube als meine Peiniger. Hier steckte ich sie in die Tasche. (Wahrscheinlich haben einige von euch auch ganz andere Erfahrungen gemacht.) In den 80-igern sollten noch vier Ehrenurkunden dazu kommen. Ich genoss die Bundesjugendspiele. Hier stand nicht im Fokus, dass mein Vater ein arbeitsscheuer Trinker war und dass ich arm war. Nein, hier hatte ich eine ganz andere Position. Vielleicht geht mit der Entscheidung, die Bundesjugendspiele abzuschaffen, viel Wertvolles verloren. Ich bete immer und immer wieder für meine Regierung, für die Entscheidungsträger. Das Urteilen und Kritisieren ist oft leichter, als die Dinge selbst anzupacken. Eins noch dazu: Unser Leben besteht nun einmal aus Gewinnen und Verlieren. Doch verlieren bedeutet nicht, an Wert zu verlieren. Vielleicht verlieren wir an Ansehen in der Welt, aber nicht bei Gott. Vergiss es bitte nie! Dein Wert wird nie durch Erfolg und Misserfolg bestimmt, sondern durch die Liebe Gottes.

1980 – Endlich sind „wir" wieder Europameister. Wir gewinnen 2:1 gegen Belgien. Horst Hrubesch vom HSV macht beide Tore.

1981 – Der 6. September, mein 11. Geburtstag. Oft habe ich mich an diesem Tag verkrochen. (Selbst heute mache ich das noch ab und zu.) Aber der heutige wird ein ganz besonderer. In unserer kleinen Stadt sind sämtliche Sportvereine zu einem Sporttag eingeladen. Verschiedene Teams treten bei unterschiedlichen Wettkämpfen gegeneinander an. Wir siegen als Team in der Pendelstaffel (bei der nicht in Rundbahnen, sondern hin und her gelaufen wird; die Mannschaftsmitglieder stehen sich gegenüber, mit der 100-m-Strecke zwischen sich).

Zoom & Zeitlupe: Und dann ist da noch der Höhepunkt des Abends, der 800-Meter-Lauf – **mein** Höhepunkt. Die Tribüne ist voll besetzt, mein Vater und einige meiner Peiniger sind auch da. Schlimmer kann es eigentlich gar nicht kommen. Aber ich **kann** rennen. So oft musste ich rennen, auf der Flucht vor anderen, zu Oma, Tante Elfriede und Onkel Heinz oder in unsere kleine Kirche oder auch, wenn ich irgendwo etwas Unrechtes getan hatte. Ich musste stets schnell laufen können und eine gute Ausdauer haben.

Zu Beginn der Zielgeraden bin ich an vierter Position. Noch ca. 100 Meter. Auf der Tribüne wird gejubelt, angefeuert und gegrölt. Schemenhaft sehe ich die Leute auf der kleinen Tribüne und an der Seite stehen. Ich renne wie um mein Leben. Heute darf ich nicht verlieren. Heute keine Demütigungen, kein Augenverdrehen, kein hämisches Grinsen. Und um mir all das zu ersparen, muss ich unbedingt gewinnen. So renne ich, nicht nur, um zu gewinnen, sondern auch, um „ein bisschen Frieden" zu haben. Und ich laufe tatsächlich als Erster durchs Ziel ...

Das Ende meines 11. Geburtstages war ein schöner Abend. Es war der einzige 800-Meter-Lauf, den ich je gewonnen habe.

1982 – Weltmeisterschaft in Spanien. Eines der spannendsten Fußballspiele aller Zeiten findet statt: das Halbfinale *Deutschland – Frankreich* am 8. Juli, das erst nach einem dramatischen Spiel im Elfmeterschießen entschieden wird. Den alles entscheidenden letzten Elfer verwandelt wieder Horst Hrubesch.

Zoom & Zeitlupe: Ich weiß noch, dass es am nächsten Tag nur ein Thema unter uns Kindern gab, und das war dieses Spiel. (Wie gut, der Fokus lag an diesem Tag nicht auf mir, sondern auf dem „Jahrhundertspiel von Sevilla".) Deutschland spielte dann im Finale gegen Italien, das mit 3:1 gewann. Paul Breitner erzielte den Ehrentreffer für Deutschland.

1983 – Mein Sport- und Techniklehrer Patriz Ilg wird Weltmeister im 3000-m-Hindernislauf in Helsinki. Ich werde dadurch noch mehr motiviert, es im Fußball zu etwas zu bringen. Von diesem Zeitpunkt an gehe ich noch mehr joggen als bisher.

Der HSV wird Europapokalsieger der Landesmeister, wobei Felix Magath das Siegestor schießt.

In diesem Jahr bleibe ich in der Schule sitzen und wechsele in eine andere. (Nein, ich wurde nicht zurückgestellt, ich blieb richtig sitzen ☺.)

1984 – Ich erlebe mit 14 Jahren eine Massenschlägerei auf einem Sportplatz.

161

Zoom & Zeitlupe: Nie werde ich die Bilder vergessen, die ich dort ertragen musste. Menschen, die mit Fäusten aufeinander einschlugen. Mehrere, die auf andere eintraten, die am Boden lagen, und Menschen, die sich gegenseitig anspuckten. Schlagen, Treten und Anspucken, das musste ich schon in meinem Alltag ertragen und nun auch auf dem Sportplatz mit ansehen. Später schoben sich die Beteiligten gegenseitig die Schuld zu. So war es schon damals im Garten Eden, als der Mensch Gottes Gebot ignorierte. Adam verwies auf Eva und diese auf die Schlange.

1984 – Mein erster Stadionbesuch – was für ein unvergessliches Erlebnis!

1985 – Eine Katastrophe live im Fernsehen. Während des Endspiels des Europapokals der Landesmeister (im Vergleich zu heute die damalige Champions League) am 29. Mai im Brüsseler Heysel-Stadion entsteht eine Massenpanik. 39 Menschen verlieren ihr Leben und Hunderte werden verletzt. Mit meinem Jugendfreund Karsten zusammen verfolge ich sprachlos vor Entsetzen die Live-Übertragung.

Im selben Jahr wird unsere Jugendmannschaft Meister. Im September 1985 darf ich mit der Schule nach Südtirol fahren. Ich bin zu dieser Zeit mal wieder in ein Mädchen verliebt. Sie gibt mir in der Schule einen Kuss auf die Wange, und einmal halten wir Händchen. Als sie erfährt, wo ich herkomme und wer mein Vater ist, meldet sie sich nie mehr wieder.

1986 – Ich komme aus der Schule und beginne eine Lehre in einem Supermarkt. Zu der Zeit spiele ich noch beim TSV Nördlingen. Alles ist möglich, ich will Profi werden. Der Supermarkt ist nur eine kurze Station. Dort stecken sie mich in die Metzgerei. Das ist gar nicht mein Ding. Lieber schiebe ich die Einkaufswagen vom Parkplatz in den Laden.

Deutschland kommt bei der WM in Mexiko ins Finale und spielt gegen Argentinien, wobei wir 2:3 verlieren. Argentinien wird Weltmeister mit Diego Maradona.

1988 – EM in Deutschland. Im Halbfinale verlieren wir gegen die Niederlande in München. Im Winter dieses Jahres werde ich wohnungslos und tingele monatelang suchend durch die Gegend, um irgendwo ein Platz zum Schlafen zu finden.

1990 – Deutschland wird Weltmeister. Diesmal gewinnen wir im Finale gegen Argentinien.

Zoom & Zeitlupe: Wir fuhren mit Freunden nach Nördlingen, um zu schauen, ob und wie da gefeiert wurde. Tausende säumten die Straßen, und wir waren in ein Meer von Fahnen eingetaucht – unbeschreiblich. Menschen, die sich nicht kannten, lagen sich voller Freude in den Armen, lachten und tanzten. Können wir das nicht einfach immer so machen? Miteinander lachen und tanzen, auch ohne WM-Titel?

1992 – Überraschend verliert Deutschland das EM-Endspiel gegen Dänemark.

1993 – Ich heirate zum ersten Mal. Singen, Tanzen, Lachen, und das ohne WM-Titel. Leider mache ich zu viele Fehler, schieße zu viele Eigentore und höre nicht auf den besten Coach der Welt. Die Ehe hält nur ein paar Jahre.

Im selben Jahr eröffne ich meine Selbstverteidigungsschule. Aus meiner Fußballprofikarriere wurde leider nichts.

1994 – Mein wunderbarer Sohn kommt zur Welt. Deutschland verabschiedet sich viel zu früh von der WM, die in den USA stattfindet.

1996 – Deutschland wird in England Europameister. (Ich werde später noch darüber berichten.)

1997 – Dortmund gewinnt die Champions League. (Bei internationalen Wettbewerben bin ich stets für die deutschen Mannschaften, selbst wenn es Dortmund ist ☺.) Schalke gewinnt den UEFA-Pokal.

1999 – Ich darf für kurze Zeit bei der Deutschen Fußball-Nationalmannschaft sein, nicht als Spieler. Die Trainer damals hießen Erich Ribbeck und Uli Stielicke.

Der FC Bayern verliert das Champions-League-Finale. Kurz vor Schluss kassieren sie noch zwei Gegentore.

2001 – Diesmal gewinnt der FC Bayern die Champions League.

2002 – Deutschland wird Vizeweltmeister und ich beende meinen Hauptberuf in einer Logistikfirma, folge meinem Herzen und mache mich selbstständig.

Zoom & Zeitlupe: Alle rieten mir davon ab, mich selbstständig zu machen. Es sei zu unsicher, zu gewagt. Ich stieg damals alleine aus dem Boot aus und lief auf dem Wasser. Ein neues Kapitel in meinem Leben begann. Obwohl ich damals noch kaum auf Gott vertraute, führte er mich und hielt seine Hände schützend über mich.

In Riesa und Dresden wurde das Gebet meiner Kindheit wahr. Ich beschützte Muhammad Ali. Mit fünf Jahren hatte ich Gott gebeten, dass ich Ali einmal sehen dürfe.

Außerdem ging ich in diesem Jahr für eine Zeit in ein Kloster. Es ging mir nicht gut. Nach außen lächelte ich, innen sah es ganz anders aus. Das Kloster wurde zur Tankstelle für meine Seele. Doch es dauerte noch ein paar Jahre, bis meine Lebenswende kam. Gott bereitete mich vor.

2005 – Durch mehrere Ereignisse bin ich mal wieder am Tiefpunkt angelangt. Wieder geht eine Beziehung in die Brüche, dazu habe ich eine Menge Schulden und verliere erneut mein Zuhause. Meine Mutter nimmt mich liebevoll wieder auf.

Zoom & Zeitlupe: Ich stand erneut vor einem Scherbenhaufen. Es fühlte sich schlimmer an, als wenn man im WM-Finale in letzter Sekunde ein Eigentor schießt. Na ja, so ungefähr wenigstens. Ich fand dann eine neue Wohnung und arbeitete mich aus dem Sumpf heraus. In dieser Zeit fing ich wieder an, die Bibel zu lesen, und vor allem weiß ich nun die Psalmen zu schätzen. Sie trösten mich, geben mir Kraft und Hoffnung.

2006 – Die WM in Deutschland wird zum Sommermärchen. Deutschland verliert im Halbfinale gegen Italien.

Ich lerne meine heutige Frau kennen.

2007 – Im Mai heiraten wir. Im November versöhne ich mich mit meinem Papa, was zu meiner absoluten Lebenswende wird. Ich fange ganz neu mit Jesus an. Meinen Sicherheitsdienst gebe ich auf. Meine Sehnsucht ist gestillt, ich muss durch und mit dem Sicherheitsdienst nichts mehr kompensieren. Mit Jesu Hilfe bin ich aus dem Abseits herausgekommen. Licht ist in meiner Dunkelheit erschienen.

2009 – Meine wunderbare Tochter wird geboren.

Der Nationaltorwart Robert Enke scheidet freiwillig aus dem Leben. Nicht nur die Fußballwelt ist erschüttert.

Zoom & Zeitlupe: Große, emotionale Debatten wurden geführt, dass man achtsamer miteinander umgehen sollte. Weniger Druck und mehr Wertschätzung wurden sehnsüchtig gefordert. Im Großen und Ganzen, konnte ich danach keine große Veränderung in Richtung „mehr Wertschätzung" erkennen. Kaum ein Tag, an dem nicht etliche Leute in den sozialen Netzwerken oder generell in den Medien fertig gemacht werden. Und wie traurig, was man schon alles für „Fangesänge" von den Rängen mit anhören musste. Da muss ich gerade spontan an den wunderbaren Schauspieler Robin Williams denken, der in so vielen herrlichen Komödien mitgespielt und dazu beigetragen hat, dass Millionen von Menschen durch seine wunderbare Art zum Lachen gebracht wurden. In Wahrheit hatte er eine tiefe Trauer und sich und schied ebenfalls freiwillig aus dem Leben. Hier ein Zitat von ihm: „Jeder Mensch, den du triffst, kämpft einen Kampf, von dem du nichts weißt. Deshalb sei freundlich, immer!"

Ja, lasst uns freundlich miteinander umgehen. Eigentlich sollte jeder Mensch ein Etikett tragen: „Vorsicht zerbrechlich!"

2010 – Im Frühjahr stirbt mein Jugendfreund und mein Papa im Juli. Im Oktober der schreckliche Unfall meiner Familie. Im Dezember stirbt meine andere Oma. Was für ein schlimmes Jahr aus meiner Sicht.

2011 – Meine Frau kommt in die Reha, lernt mühevoll wieder das Laufen. Wir erleben Gottes Kraft, seine liebevolle Fürsorge und seinen Trost.

2012 – Mein Mentor, mein „Onkele Heinz", stirbt – ein weiterer Tiefpunkt. Die Menschen haben Angst vor dem Weltuntergang – ich auf jeden Fall nicht.

Der FC Bayern verliert das „Finale dahoam". Im Endspiel um die Champions League verliert Bayern zu Hause gegen den FC Chelsea.

2013 – Der FC Bayern gewinnt die Champions League.

2014 – Deutschland wird wieder Weltmeister. Wir fahren mit Freunden in die Stadtmitte. Wieder freuen sich alle, tanzen miteinander und liegen sich in den Armen. (Wir sollten jeden Tag Weltmeister werden. Ich glaube, der Himmel, die Ewigkeit, ist wie eine WM-Feier nur viel, viel, viel, unendlich viel schöner …)

2015 – Ich lerne Maja Loretta im Camp für krebskranke Kinder kennen. Sie hat Jesus lieb. Sie begleitet mich zu Projekten und berührt unzählige Herzen. Im September erzählt sie mir, dass sie nun nur noch wenige Monate zu leben habe. Ich weine, doch sie tröstet mich. Ich habe selten einen Menschen erlebt, der dankbarer war als sie. Ich glaube, ich kenne niemanden, der noch dankbarer war als Maja.[1]

2016 – Unsere geliebte Maja Loretta geht am 18. März zu Jesus.

2017 – Ich bin zum ersten Mal in Israel und darf in Bethlehem kicken.

2018 – Ich erleide einen schweren Herzinfarkt (in der Nähe des Uniklinikums Tübingen) und werde durch die Gnade Gottes gerettet.

Wenige Wochen nach dem Infarkt bin ich zum zweiten Mal in Israel.

2019 – Gemeinsam mit über 50 Männern bin ich zum dritten Mal in Israel. An der Grenze zum Libanon haben wir ein

---

[1] Ihr Lebenszeugnis ist bei GloryWorld-Medien 2016 unter dem Titel „Maja Loretta – Post aus den Wolken" erschienen.

offizielles Freundschaftsspiel. Gemeinsam mit Michael Sternkopf und dem Profi Christian Mauersberger (derzeit Stuttgarter Kickers) darf ich ein unvergessliches Spiel erleben. Peter Neuer coacht die Truppe von der Außenlinie, doch der eigentliche Coach ist Jesus. Er ist der Mittelpunkt auf dieser Reise.

2020 – Die Corona-Pandemie und ihre Maßnahmen verändern unser Land und die Welt. Viele verspüren eine nie gekannte Angst.

Zoom & Zeitlupe: So manche, die mich vorher noch belächelt hatten, suchten während der Pandemie-Zeit Antworten und Trost bei mir. Ich verwies auf den Coach meines Lebens. Menschen gingen aufeinander los. Familien, Freundschaften und Gemeinden brachen entzwei. Sie zeigten sich gegenseitig an. Verzweiflung und Angst machte sich hinter den Masken breit. Ich ging viel spazieren und hatte einige Begegnungen; es kam zu sehr tiefen Gesprächen. Manche begannen wieder zu beten. Ja, Not lehrt das Beten.

2021 – Bei der EM kämpft Christian Eriksen auf dem Spielfeld um sein Leben. Nicht nur die Fußballwelt betet, auch viele andere.

2022 – Krieg in Europa; die eine Krise endet, eine andere beginnt – die Angst bleibt. Politiker und Geistliche rufen zu Friedensgebeten auf. Im Dezember lege ich in einem Kloster eine Lebensbeichte ab. Es tut so unbeschreiblich gut!

2023 – Im Frühjahr bin ich zum vierten Mal in Israel. Wir drehen eine einzigartige Doku über 55 Männer und ihre Herzen. Im Sommer drängt es mich, ein neues Buch zu schreiben.

Im August schreibe ich nach vielen Büchern mein erstes Fußballbuch. Ich schreibe in der Hoffnung, dass es dein Herz und viele andere berühren möge.

***

Ihr Lieben, eben wollte ich dieses Kapitel „Zeitreise" beenden, als ich eine Nachricht von einem Freund bekam, den ich jetzt fast seit fünf Jahren kenne und der eine Menge durchgemacht hat. Er unternimmt auch gerade eine Reise, und es drängt mich jetzt einfach dazu, dieser Zeitreise noch ein paar Gedanken anzuhängen.

Mein Freund sandte mir eben ein Video aus der Allianzarena, wo er gerade an einer Stadionführung mit seiner Freundin teilnimmt. Beide haben Jesus sehr lieb.

Er wuchs mit seinem Bruder im Kinderheim auf und beide haben wirklich viel Trauriges durchgemacht. Bereits in Kindertagen wurden sie kriminell, und später konsumierten sie Drogen. Mein Freund kam für einige Jahre ins Gefängnis. Er wurde niedergeschossen, mit dem Messer verletzt, und durch einen Schlag auf den Kopf war er etliche Monate im Koma. In den Jahren danach verlor er viele Freunde um sich herum, und eines Tages wurde sogar sein über alles geliebter Bruder getötet.

Eine Familie, wie sie sein sollte, wonach sich jeder tief im Herzen sehnt, hat er nie kennengelernt. So kann es sein, dass Cliquen, Banden, Organisationen usw. zum Familienersatz werden. Dort spricht man auch oft von Schwestern und Brüdern. Aber selten wird dort das Tiefste aus den Herzen miteinander ausgetauscht. Mein Freund bekam bei einer christlichen Drogentherapie eines meiner Bücher geschenkt; es war das erste Buch überhaupt, das er las. In dieser Zeit lud er Jesus in sein Leben ein. Ein heilsamer, aber schmerzlicher Prozess fing an, sein Herz zu verändern. Er vergab dem Mörder seines Bruders und fing ein neues Leben an.

Viele schwere Stunden haben wir schon gemeinsam erlebt und so manche Träne zusammen geweint. Und wir beide spielen gerne zusammen Fußball. Seit Längerem geht er einer geregelten Arbeit nach, was er bis dahin nie kannte. (Ich weiß, dass er diese Zeilen lesen wird: Ich hab dich lieb, mein Freund, auch wenn du nicht ganz unschuldig bist an so manchem grauen Haar, das mir wächst.) Nach so einem Leben, wie er es führte, braucht das Umfeld viel Geduld und Liebe. Wie bei mir wohl auch. Aber heute, genau heute ist ein guter Tag im Leben meines Freundes.

Er sandte mir ein Video von der Stadionführung, wie er aus den Katakomben der Allianzarena hochläuft auf den Rasen, während die Hymne des FC Bayern München gespielt wird.

Folgendes schrieb ich ihm daraufhin zurück:

Eines Tages, wenn du hochkommst in den Himmel zu Jesus, dann wird himmlische Musik erklingen, schöner als sie je ein Mensch spielen und komponieren kann, und der ganze Himmel wird dir zujubeln!

Hier seine Original-Antwort: „Ich habe Gänsehaut, Bruder."

Danke, dass du meinen Freund und mich auf dieser Zeitreise und zum Kurzausflug in die Allianzarena begleitet hast.

Während eine kleine, liebevolle und sanfte Musik aus meinen Kopfhörern erklingt und meine Seele streichelt, schließe ich für ein paar Sekunden meine Augen und denke an einige Personen, die ein Nahtoderlebnis hatten. Ich denke an ihre Schilderungen und sehe dabei das Leuchten in ihren Augen.

Völlig schwerelos schwebten sie nach oben. Aus der Ferne vernahmen sie himmlische Klänge. Ein Licht, welches heller war als alles, was sie je gesehen hatten. Sie waren wie in Liebe eingetaucht. Liebe, überall nur Liebe. Farben, die sich kein Mensch ausmalen kann, schmückten den Ort, an dem sie waren. Die himmlischen Klänge erfüllten alles, sie schienen aus allen Richtungen zu kommen. Schönheit, nichts als Schönheit, wohin sie sahen und was sie auch hörten. Sie fühlten sich vollkommen angekommen, angenommen, zu Hause – und vollkommen geliebt.

Am Ende unserer Zeitreise beginnt die Ewigkeit. Wer weiß, vielleicht spielen die da oben auch Fußball; also ich wäre auf jeden Fall dabei! Da fällt mir eben noch ein, dass ich früher am liebsten unendlich lange gespielt hätte. Oft fragte ich den Schiedsrichter, wie lange das Spiel noch ginge, und manchmal bat ich ihn auch, dass er doch länger spielen lassen möge.

Aber irgendwann nahm er dann doch die Pfeife in den Mund und pfiff. Dann hatte das Spiel, meine Unbeschwertheit, ein Ende. Auch wenn vielleicht im Himmel nicht ewig gekickt wird, so wird es dort auf jeden Fall Freude geben, die nie endet.

26 – Glücksbringer

Wenn man an Jesus glaubt, kann es schon sein, dass man Spott und verletzende Kommentare ertragen muss. In vielen Ländern dieser Welt werden Christen sogar für ihre Liebe zu Jesus verfolgt und getötet. Ablehnung und so manchen traurigen Spruch musste ich auch schon ertragen, wohl gemerkt, weil ich Jesus liebhabe. Jesus, der Ursprung dessen, dass wir die Jahreszahlen mit „vor Christus und nach Christus" verbinden. Jesus, der Ursprung dessen, dass wir Weihnachten, Ostern und Pfingsten feiern oder zumindest in diesen Tagen frei haben.

Ich durfte bei den schweren Schicksalsschlägen meines Lebens seine Nähe und Hilfe erfahren. Er wurde für mich persönlich zu meinem Rettungsanker, zu meinem Rettungsboot, zum Tröster und Freund meines Lebens. Er ist für mich Hoffnung, Wahrheit und die Liebe in Person. Die ach so aufgeklärte Welt klammert sich allerdings oft lieber an Glücksbringer, Talismane und seltsame, abergläubische Dinge, anstatt auf den zu vertrauen, der von oben in unsere Welt kam, um unsere wahren Sehnsüchte zu stillen; der sein Leben aus Liebe gab, damit wir leben, und der seine Würde gab, damit wir Würde finden. Der, der unser ganzes Glück sein möchte, wird ignoriert, belächelt und mancherorts bekämpft (bzw. die, die an ihn glauben).

Bei noch keinem Sterbenden habe ich erlebt, dass er bereut hätte, diesen Jesus zu lieben. Ich muss gerade ganz spontan an Richard denken, einen 96-jährigen Mann, den ich noch kurz vor seinem Tod besuchen durfte. Wir hielten uns an den Händen, sangen und beteten gemeinsam. Auf meine Frage, ob ich der Welt von ihm noch etwas sagen solle, meinte er sehr eindringlich: „Jesus an erster Stelle. Es gibt nichts Wichtigeres!"

Nein, an keinem Bett eines Sterbenden sah ich jemals einen Glücksbringer. Wobei jeder, der so etwas bei sich trägt, sich einmal fragen sollte: „Woher bringen Glücksbringer das Glück? Was ist die Quelle des Glücks?"

Was ist Glück? Woher kommt es? Wie erfahren wir es?

Hier erst einmal ein paar „Glücksbringer" und abergläubische Handlungen, von denen sich auch viele im Bereich des Fußballs Glück erhoffen.

- Ich selbst habe es erlebt, dass einige Fußballer darauf achten, dass sie stets mit demselben Fuß den Rasen betreten.

- Manche stecken sich einen Glückspfennig in den Fußballschuh.

- Dann gibt es Leute, die haben Glücksschweine, ein umgedrehtes Hufeisen oder müssen einen Schornsteinfeger berühren.

- Es gab und gibt Fußballtrainer, die nach einem Sieg fortan immer dieselben Klamotten bei den Spielen tragen. Bei einem war es dann nur die Jacke, die Krawatte, und bei manchen auch das komplette Outfit.

- Viele drücken sich auch die Daumen und wünschen sich „toi, toi, toi". Ich glaube, wenn sie den Ursprung dieses Wunsches kennen würden (die dreimalige Nennung des Teufels), würden sie sich vielleicht davon distanzieren.

- Sehr seltsam fand ich die Aktion unserer Nationalmannschaft vor der EM 2012: Alle Spieler bekamen ein so genanntes „Shamballa-Armband". „Shamballa" soll übersetzt „Licht und Liebe" bedeuten. Jesus sagte allerdings, dass er selbst das Licht der Welt ist. Und der Grabstein meines Papas ist mit folgendem Bibelvers versehen: „Gott ist Liebe". Laut DFB-Führung versprach man sich von den Armbändern, dass sie positive Energien freisetzen würden. Diese Energie sollte zum EM-Titel führen. Doch Spanien wurde 2012 Europameister – die haben einfach viel besser gespielt. Diese Energie hat die deutschen Spieler also nicht zum EM-Titel geführt. Aber woher hätte die Energie eigentlich kommen sollen? Was ist der Ursprung dieser Energie-Quelle?

Was steht eigentlich im ältesten Buch der Welt über Glück?

Ich habe zum HERRN gesagt: „Du bist mein Herr, mein Glück finde ich allein bei dir (Psalm 16,2).

Du wirst mir den Weg zum Leben zeigen und mir die Freude deiner Gegenwart schenken. Aus deiner Hand kommt mir ewiges Glück (Psalm 16,11).

Wer auf Unterweisung hört, dem wird es gut gehen; wer auf den HERRN vertraut, wird glücklich sein (Sprüche 16,20).

Eines Tages, als sich immer mehr Menschen um Jesus sammelten, stieg er mit seinen Jüngern auf einen Berg und setzte sich dort hin, um sie zu unterrichten. Und das lehrte er sie: „Glücklich sind die, die erkennen, dass sie Gott brauchen, denn ihnen wird das Himmelreich geschenkt. Glücklich sind die, die traurig sind, denn sie werden getröstet werden. Glücklich sind die Freundlichen und Bescheidenen, denn ihnen wird die ganze Erde gehören. Glücklich sind die, die nach Gerechtigkeit hungern und dürsten, denn sie werden sie im Überfluss erhalten. Glücklich sind die Barmherzigen, denn sie werden Barmherzigkeit erfahren. Glücklich sind die, die ein reines Herz haben, denn sie werden Gott sehen. Glücklich sind die, die sich um Frieden bemühen, denn sie werden Kinder Gottes genannt werden. Glücklich sind die, die verfolgt werden, weil sie in Gottes Gerechtigkeit leben, denn das Himmelreich wird ihnen gehören. Glücklich seid ihr, wenn ihr verspottet und verfolgt werdet und wenn Lügen über euch verbreitet werden, weil ihr mir nachfolgt (Matthäus 5,1-11).

Glücklich ist der Mensch, der nicht auf den Rat der Gottlosen hört, der sich am Leben der Sünder kein Beispiel nimmt und sich nicht mit Spöttern abgibt. Voller Freude tut er den Willen des HERRN (Psalm 1,1-2).

Glücklich ist das Volk, dessen Gott der HERR ist (Psalm 144,15).

Dies waren nur einige Bibelverse über das Glück, es gibt noch viele, viele mehr.

Unser Leben bedarf ständiger Entscheidungen. Wann stehen wir auf? Frühstücke ich, wenn ja, wann und was? Was ziehe ich an? Wir treffen bewusst und unbewusst unzählige Entscheidungen, Tag für Tag. (Übrigens: Keine Entscheidung zu treffen ist auch eine Entscheidung.) Ich habe mich entschieden, dass Jesus mein ganzes Glück ist. Ich brauche keine gedrückten Daumen, was hätte das beim Unfall meiner Familie helfen sollen? Ich brauche kein „Toi, Toi, Toi", keine Talismane und Glückspfennige. Ich brauche nur Jesus; durch, mit und in ihm kommt Gottes Herrlichkeit in diese Welt – Gott selbst. Sein Licht hat meine Dunkelheit erhellt und beschenkt mich mit wahrem Leben, weil er das Leben und die Liebe in Person ist. Jesus ist meine ganze Freude. Er hat mir vergeben und mir ein neues Leben geschenkt, ein Leben abseits vom Abseits, abseits von Glücksbringern, die kein Glück bringen können. Jesus führte mich vom Abseits ins Leben, mit der zuversichtlichen Hoffnung auf ewiges Leben – auf ewiges Glück.

27 – Golden Goal

Es war der 30. Juni 1996, Deutschland stand im Endspiel um die Europameisterschaft und spielte gegen Tschechien im Londoner Wembley Stadion. Unser damaliger Bundestrainer hieß Berti Vogts. Alles, was Rang und Namen hatte, war auf der ehrwürdigen Tribüne. Die königliche Familie, unser damaliger Bundeskanzler Helmut Kohl und viele, viele andere. Unten auf dem „heiligen Rasen" rannten die Spieler um die Krone des europäischen Fußballs. In der 59. Minute ging Tschechien durch einen Elfer in Führung. Dann kam die Zeit von Oliver Bierhoff. Nur vier Minuten nach seiner Einwechslung traf er in der 73. Minute zum 1:1-Ausgleich. So stand es auch nach 90 Minuten.

Dann gab es eine Verlängerung, die es in sich hatte. Zum ersten Mal gab es bei einer EM das sogenannte „Golden Goal". Das hieß, dass, wenn ein Tor in der Verlängerung erzielt wurde, dies dann auch das sofortige Spielende bedeutete[1].

In der 94. Minute war es dann so weit. Wieder war es Oliver Bierhoff, der traf, und Deutschland war in diesem Augenblick Europameister. In Gedanken gehe ich annähernd 30 Jahre zurück und sehe diesen grenzenlosen Jubel von Bierhoff, seinen Mitspielern und dem Trainerstab samt Auswechselspielern. Das Stadion bebte. Ein Meer von jubelnden Menschen. Spontan fällt mir der Begriff „Glücksexplosion" wieder ein. Ich weiß gar nicht, ob es dieses Wort gibt. Wenn nicht, dann ab jetzt ☺.

Nach der WM 1994, die alles andere als erfolgreich gewesen war, hatte die Vorbereitung auf die EM 96 in England begonnen.

---

[1] Die Regelung wurde zum 1. Juli 2004 wieder abgeschafft. – Wikipedia, 20.09.2023.

Zwei Jahre Vorbereitung: Qualifikationsspiele, Freundschaftsspiele, zig Trainingseinheiten, unzählige Teamsitzungen und
vieles mehr hatten diese 94. Minute nun zu etwas ganz Beson-
derem gemacht. Es schien, als würden alle Lasten, alle Entbehrungen und Schindereien in diesem Augenblick von den
Spielern und Verantwortlichen abfallen. Irgendwie auch von
allen Fans und sogar von einem ganzem Land, in dem nun
Millionen im Freudentaumel waren.

Dieses Tor war wie das Gipfelkreuz eines hohen Berges, den
man bezwungen hatte. Man hatte sich den Gefahren ausgesetzt, viel riskiert und unendlich viel Kraft und Zeit investieren
müssen, um zum Ziel zu gelangen.

Meine persönliche 94. Minute war der Tag, an dem ich zu
meinem Papa ging, um mich mit ihm zu versöhnen. Es war so
ein schwerer Weg, diese 140 Meter von meiner damaligen
Mietwohnung hinüber zu der kleinen Kneipe, in der mein Papa
in Zimmer Nr. 5 wohnte. Der Weg schien mir so unendlich
weit. Gefühlt lief ich 37 Jahre zu diesem Ziel. Vieles in mir
wehrte sich, aber ich hielt meinen Blick fest auf das Ziel, das
Gipfelkreuz, gerichtet. Meinem Papa trotz aller Widrigkeiten
des Lebens, aller Enttäuschungen und Verletzungen, aber auch
meiner eigenen Schuld, meiner Bockigkeit und Rebellion, die
Liebe auszusprechen und meinerseits um Vergebung zu bitten
– dies war meine persönliche 94. Minute. Ich durfte eine Freiheit erleben, die ich bis dahin nie gekannt hatte. Ab diesem
Zeitpunkt machte ich es völlig neu fest und lud Jesus in mein
kleines, verletztes, bockiges Herz ein.

Diese Wege, die ich immer wieder aus Liebe ging, um meinen Mitmenschen meine Liebe auszusprechen und sie um Vergebung zu bitten – und vor allem Gott um Vergebung zu bitten –,
diese waren oft für mich eine persönliche, völlig befreiende 94.
Minute – mein Golden Goal.

Auf diesen schweren 140 Metern zu meinem Papa, war ich
weder vom Universum begleitet noch von einer universellen
Energie, sondern der Papa aller Papas begleitete mich zu

meinem Papa. Der himmlische Papa, der mir versprochen hat, bei mir zu sein und dass er mich nie verlassen würde.

Mit der Entscheidung, ganz neu mit Jesus zu leben, war ich weder Europameister noch Weltmeister. Aber ich wurde zu einem Kind Gottes! Denn in der Bibel steht, dass alle, die ihn aufnehmen „Kinder Gottes" sein werden. Titel sind wie Schall und Rauch. Pokale verstauben und verrosten vielleicht oder werden geklaut. Meinen Triumph konnte mir keiner mehr nehmen, dieser Titel bleibt:

All denen aber, die ihn aufnahmen und an seinen Namen glaubten, gab er das Recht, Gottes Kinder zu werden (Johannes 1,12).

Doch auch bei Kindern Gottes bleiben Schwierigkeiten nicht aus. Ich möchte das noch einmal erwähnen, aus meiner persönlichen Sicht. Gott hat mir nicht versprochen, dass mein Leben, meine Lebensspielzeit, leicht sein würde. Nein, er versprach mir, immer bei mir zu sein, immer für mich da zu sein. Er sagte mir zu, dass er mir Kraft geben wird, mich ermutigen möchte, dass er alles zum Besten führen würde, mich trösten, meine Tränen sammeln und sie auffangen, und dass er treu ist.

Wie bereits in diesem Buch beschrieben, wurde mein Herz von einigen Dingen getroffen, was es sehr belastete. Im Dezember 2022 hatte ich das große Bedürfnis, mein Herz in einer Beichte auszuschütten, es jemandem mitzuteilen. Ja, ich wollte eine Lebensbeichte ablegen. Der Drang in meinem Herzen war so groß. Doch wo sollte ich hingehen? Viele kannten mich ja. Was würden die Leute von mir denken? Und wenn derjenige doch plauderte, was dann? Was für wirre Gedanken. Aber sie verdeutlichen auch, was für Kämpfe in meinem Innersten tobten. Ich wusste, dass Gott mir durch das Leiden, das Sterben und die Auferstehung seines Sohnes Jesus, meines Freundes, Herrn und Gottes, bereits vergeben hatte; und trotzdem war die Sehnsucht so groß, die ganze Scham meines Lebens und meine Schuld einem Menschen zu bekennen.

Wenige Tage vor Weihnachten trieb mich diese Sehnsucht in ein nahe gelegenes Kloster. Eigentlich wollte ich ein paar hundert Kilometer entfernt beichten, aber das war mir nun nicht mehr wichtig. Es musste an diesem Tag, in diesem Kloster, bei diesem liebevollen alten Mönch sein.

Ich klingelte an der Klosterpforte. Ich war wie ein Bettler, der etwas Wärme und Essen begehrte. Irgendwie war es auch so. Vielleicht versteht ihr, wie ich es meine. Ein sehr alter Mönch empfing mich und wir gingen in einen kleinen Raum. Kein Beichtstuhl, sondern ein kleines, karges Zimmer mit zwei Stühlen, einem Tisch und einem großen Kreuz an der Wand. Es war genug, alles war da, was ich brauchte: der alte Mönch, den mir Gott an diesem Tag zur Seite stellte, eine Sitzgelegenheit und ein Tisch, um Tischgemeinschaft zu haben, und Jesus selbst war da. Denn er selbst hat es uns versprochen, dass, wo zwei oder drei in seinem Namen versammelt sind, er dann mitten unter uns ist.

So erzählte ich dem Mönch von meiner Schuld, den schamhaften Dingen meines Lebens und von der Liebe, die ich nie brachte. Und ich weinte aus Scham, aber auch aus Dankbarkeit, einen Gott zu haben, der uns aus Liebe zu dir und mir entgegenrennt, weil er Sehnsucht nach uns hat und alles Schamhafte, alle Schuld und alle Lieblosigkeit dieser Welt ans Kreuz bringt.

Ich glaube, ich habe fast die ganze Zeit geweint. Aber ihr wisst ja, was mir einst ein sterbender Mann unter Tränen sagte: „Echte Männer schämen sich ihrer Gebete und Tränen nicht." Nein, ich schäme mich nicht.

An diesem Tag wurde mir die Gnade Gottes noch viel bewusster. Der Mönch traf mit seinen Worten mitten in mein Herz. Er erinnerte mich daran, dass Jesus mir vergeben hat und mich so liebt, wie ich bin, und dass Gottes Geduld für mich viel größer ist als meine eigene Geduld für mich selbst. Der alte Mann und ich beteten gemeinsam und er segnete mich.

Und wieder fließen Tränen, jetzt beim Schreiben. Ich habe mir mal vorgenommen, dass ich, wann immer ich einen Artikel oder ein Buch schreibe, dies meinen Lesern offenbaren will, weil genau an dieser Stelle Gott wieder mein Herz berührte. Wir sind zum Segnen berufen. Bevor wir Böses über jemanden sagen oder ihn auslachen, sollten wir ihn lieber segnen. Böses zu sprechen und auszulachen verstärkt nur das Gift in uns selbst. Und so ist es auch mit dem Segnen: Es macht etwas mit uns selbst, etwas Schönes und Wertvolles.

Es war ein kalter, trüber Dezembertag. Aber als ich zur Klostertüre hinausging, schob sich die Sonne kraftvoll hinter den Wolken hervor und schien mir mitten ins Gesicht. Ich fühlte mich wie neugeboren, frei von Lasten und durch das Sonnenlicht unendlich beschenkt. Für einen Augenblick schloss ich die Augen und genoss die wärmenden Strahlen. Ein Liebesgruß vom Himmel, jetzt und hier, von ganz oben, für Miggi.

Ich habe innerlich gejubelt. Ich war voller Freude. Es war eine zusätzliche 94. Minute meines Lebens. Eine „Glücksexplosion"...

Jesus selbst ist das „Golden Goal" meines Lebens. Jesus ist meine persönliche 94. Minute, meine Glücksexplosion. Um dieses Glück fassen zu können, braucht es wohl die ganze Ewigkeit.

Oliver Bierhoff wurde später noch Teammanager beim DFB. Auch durch sein Engagement wurde Deutschland 2014 Weltmeister. Doch all seine Verdienste für den deutschen Fußball hielten die Leute nicht davon ab, ihn 2022 loswerden zu wollen und seinen Vertrag letztendlich vorzeitig aufzulösen.

Was bleibt? Die Erinnerung an das Golden Goal? Der Eintrag in die Geschichtsbücher? Und dann? Erinnerungen werden verblassen, und wenn jene, die sich erinnern, auch nicht mehr da sind, was dann? Die Bücher wird es eines Tages ebenfalls nicht mehr geben. Und selbst wenn das Internet nichts vergisst, was ist in zwanzig oder in fünfzig Jahren? Was ist in einhundert Jahren? Das Golden Goal von 1996 war nur eine Momentaufnahme, kein Titel für die Ewigkeit. Wenn wir Menschen auch oft große Worte haben und von „Titeln für die Ewigkeit" sprechen, werden diese Titel doch keinen Bestand in der Ewigkeit haben.

Mein „Golden Goal", meine Entscheidung, mein Tor zum Glück, meine persönliche 94. Minute, meine Glücksexplosion bleibt. Zwar nicht in irgendwelchen Geschichtsbüchern, aber mein Name ist ins Buch der Ewigkeit geschrieben. Bei meinem Ja für Jesus wurde mein Name ins Buch des Lebens eingetragen.

Uns allen wünsche ich so eine „Glücksexplosion". Eine, die nicht mit den Jahren verblasst und irgendwann ganz vergessen sein wird, sondern eine, die ewig bleibt.

Möge Jesus persönlich zum „Golden Goal" deines Lebens werden, falls er es noch nicht ist.

Ach ja, als Oliver Bierhoff das „Golden Goal" erzielte, schaute die Queen aus England zu und überreichte dem damaligen Spielführer bei der Siegerehrung den Siegespokal. Aber bei deinem Spiel des Lebens schaut sogar der König der Könige zu – Jesus – und mit ihm der ganze Himmel ☺. Die himmlische Königsfamilie liebt dich und jubelt dir zu.

„Schlussoffensive"

Mit dem Schreiben dieses Buches habe ich zwei Dinge miteinander verbinden dürfen, die in meinem Leben schon viel Platz eingenommen haben: Jesus, die Nummer eins in meinem Leben, und die „schönste Nebensache der Welt". Fußball ist für mich tatsächlich eine Nebensächlichkeit, aber eine schöne. Seit Kindheitstagen begleitet mich die Freude an diesem Spiel. Ich verfolge seit fast 50 Jahren diesen Sport und seine Entwicklung. Manche „Stars" durfte ich persönlich kennenlernen, und einige davon zeigten mir auch ihr Herz. Ich durfte erleben, wie so mancher Straßenkick eine Brücke zu den Herzen der Menschen wurde. Aber ich lernte auch jene kennen, die dieses Spiel dafür nutzen, um auf dem Platz oder auf den Rängen Aggressionen ausleben. Und fast immer steckt dahinter ein eigener Lebensschmerz und ein Mangel an Liebe. Doch die eigenen Grenzen enden dort, wo die des anderen beginnen.

Ich mag den Fußball in den Kreisligen, aber auch die Spiele in der Bundesliga. Mir geht es nur um das Spiel an sich. Es tut mir weh, dass es zum Milliardengeschäft verkommen ist, und was Menschen daraus gemacht haben. Ich bin irgendwie dieser kleine Junge geblieben, der einfach gerne die Spiele schaut und es selber liebt zu kicken. Manchmal stehe ich vor einer Wand und kann eine kleine Ewigkeit nur den Ball an die Wand bolzen. Vielleicht besitze ich auch nur eine kindliche Naivität. Ich weiß nicht mal, ob das gut oder schlecht wäre.

Was mir wirklich wichtig ist? Ich habe Jesus sehr lieb und wollte dies in Verbindung mit meiner Freude am Fußball darstellen.

Ich wünsche uns Christen, dass wir gemeinsam und nicht gegeneinander spielen. Allen anderen wünsche ich, Jesus selbst kennen und lieben zu lernen – den „Coach" unseres Lebens, der uns mit seinem Tod am Kreuz das „Golden Goal", die „Freikarte" für den Himmel schenkte.

Ich werde dieser Freikarte, diesem Golden Goal mit meiner Schreiberei kaum gerecht, aber die Liebe trieb mich dazu dieses Buch zu schreiben, und ich bin mir sicher: Es ist kein Zufall, dass du jetzt diese Zeilen liest. Noch vor zwei Stunden saß ich mit einem Alkoholiker auf einer Treppe, und er meinte: „Was für ein Zufall, dass wir jetzt hier zusammen sind." Ich möchte dir das sagen, was ich auch ihm sagte: „Nein, bei Gott gibt es keine Zufälle. Er wollte, dass ich es dir jetzt und hier sage, wie sehr er dich liebt und sich sein Herz nach deinem Herzen sehnt!"

Ich bin der festen Überzeugung, dass er dir hier und jetzt und alle Zeiten deines Lebens zujubelt. Du kannst ihn niemals enttäuschen, denn seine Liebe bleibt.

Ich bin überzeugt: Nichts kann uns von seiner Liebe trennen. Weder Tod noch Leben, weder Engel noch Mächte, weder unsere Ängste in der Gegenwart noch unsere Sorgen um die Zukunft, ja nicht einmal die Mächte der Hölle können uns von der Liebe Gottes trennen. Und wären wir hoch über dem Himmel oder befänden uns in den tiefsten Tiefen des Ozeans, nichts und niemand in der ganzen Schöpfung kann uns von der Liebe Gottes trennen, die in Christus Jesus, unserem Herrn, erschienen ist (Römer 8,38).

Er gab dir und mir alle Gaben, die wir für dieses Lebensspiel benötigen. In dem Begriff „benötigen" steckt das Wort „Not", also auch alles, was wir in der Not brauchen. Gerade, während ich diese Zeilen schreibe, denke ich an einen wunderbaren Menschen, dem es zurzeit nicht gut geht; und mir fehlen so oft die nötigen Worte in der Not. Aber wir brauchen sie vielleicht auch nicht. Da zu sein, miteinander zu schweigen, zu weinen, eine Umarmung oder einfach nur die Hand eines geliebten Menschen zu halten, das ist in manchen Situationen wahrscheinlich besser als viele Worte.

So sind wir nun als Geliebte im Spiel des Lebens auf dem Rasen und sollten miteinander spielen. Einer sollte die Gaben des anderen erkennen, schätzen und fördern. Uns gegenseitig zu ermutigen und zu unterstützen, dazu sind wir gemeinsam auf dem Spielfeld. Werden wir gefoult, so wird ER – unser Coach – uns versorgen und für Gerechtigkeit sorgen. Kassieren wir ein Gegentor, wird er uns aufrichten und neu motivieren. Seine Liebe ist uns gewiss und nicht davon abhängig, ob wir gewinnen. Siegen wir, so freut er sich mit uns, verlieren wir, so tröstet er uns. Vielmehr haben wir mit diesem Coach in unserem Herzen den wahren Sieg schon errungen.

So rennen wir also weiter, grätschen und köpfen, und alles, was wir tun sollten, ist, ihm – durch unsere Art und Weise, wie wir spielen –, die Ehre zu geben.

„Ja, ich will!"

Danke, dass ihr ein Teil eurer „Spielzeit" in dieses Buch investiert habt. Von Herzen danke an alle für ihre Inspiration und Unterstützung. Ganz besonders meiner Familie und meinen Freunden und einem speziellen Freund danke ich ganz besonders (ich werde es ihm sagen, dass er gemeint ist).

Jetzt habe ich das Bedürfnis zu beten und dich zu segnen:

Lieber Jesus,
danke dass du mir geholfen hast, dieses Buch zu schreiben und es unter die Menschen zu bringen. Ohne dich wäre das alles nicht möglich, denn eigentlich kann ich keine Bücher schreiben. Du siehst jeden einzelnen Menschen, der das Buch bis hierher gelesen hat. Und diese Menschen möchte ich jetzt segnen. Danke, dass du uns hörst und uns liebst.

Möge ER deine Hände und Arme segnen, damit sie viel Gutes tun und anderen Menschen helfen: Sie in die Arme nehmen, die Hände zur Versöhnung reichen, anderen nach einem Foul aufhelfen und sie niemals herumstoßen … Mögen deine Hände nie eine Hand abweisen, die dir wieder aufhilft.

Möge ER deine Füße segnen, damit sie über das Spielfeld des Lebens rennen, wie ER es für dich geplant hat, und damit sie selbst nicht getreten werden und zu Fall kommen. Wenn doch, mögen sie immer und immer wieder die Kraft haben, aufzustehen und weiterzulaufen.

Möge ER deine Augen segnen, dass sie die Weite des Spielfeldes erkennen und deine Mitspieler noch besser wahrnehmen.

Möge ER deinen Mund segnen, dass er nicht flucht oder sich in Ausreden flüchtet, sondern andere motiviert, tröstet und ermutigt.

Möge ER deine Ohren segnen, damit sie Ermutigung und Trost nicht überhören im Lärm und Trubel dieser Welt.

Möge ER dein Herz segnen, dass ER selbst darin wohnen darf, um dein Herz auszufüllen, damit du von ganzem Herzen für IHN auf dem Spielfeld des Lebens spielst und lebst.

So segne dich der dreieinige Gott:

- der Vater aller Väter, der Papa aller Papas;
- Jesus Christus, der Herr aller Herren, der Könige der Könige, dein Bruder und Freund;
- der Heilige Geist.

Möge er dich stets ermutigen und trösten und dir die Gewissheit geben: Was immer auch im Spiel des Lebens noch kommt und wie hart es auch wird – du bist geliebt und nie allein.

Amen.

Herzlichst

Euer Mannschaftskamerad „Miggi"

Zum Autor

Michael Stahl ist Fachlehrer für Selbstverteidigung. Als Gewaltpräventionsberater arbeitet er für TV-Sendungen sowie an Schulen, in Heimen, Gefängnissen, Kindergärten, Gemeinden, Internaten und Firmen.

Bekannt wurde er als Bodyguard für Prominente (u. a. Muhammad Ali, Nena, Fürstin Gloria von Thurn und Taxis).

Er wurde 2009 mit dem „WERTE AWARD" und 2015–2023 mit „SOZIAL ENGAGIERT" ausgezeichnet. Er ist verheiratet und hat zwei Kinder.

Kontakt:
  Facebook/Instagram: Michael Stahl
  YouTube: Michael Stahl TV
  www.protactics-stahl.de
  info@protactics-mse.de

Wahrhaft frei

192 Seiten, Paperback

In diesem Buch geht es um Wahrheit und Freiheit – und um viele Arten von Gefängnissen und Gefangensein. Mehr als 30 Personen berichten, wie sie da hineingeraten sind und was ihnen geholfen hat, wieder herauszukommen und wirklich frei zu werden.

Du lernst Menschen kennen, die viele Jahre ihres Lebens hinter Gittern verbracht haben, aber auch solche, deren Seele in Süchten, Pornografie oder Magersucht etc. gefangen war oder die in einem eingeschränkten Körper leben müssen. Sie alle sind, unabhängig von ihren Umständen, zur wahren Freiheit durchgebrochen und wollen dir Mut machen, selbst frei zu werden.

ERlebt

25 wunderbare Geschichten aus meinem Leben; 160 S., Pb.

Michael Stahl ist ein Träger der Gegenwart Gottes. Wohin er auch kommt – ob in Schulen, Familien, Gemeinden, Kinderheime oder ganz alltägliche Situationen –, verändert sich die Atmosphäre zum Guten. In diesem Buch erzählt er 25 dieser Erlebnisse, in denen er für Einzelne und ganze Gruppen zum Vermittler von Liebe, Annahme und Vergebung wurde.

Begleite Michael Stahl und sein Team zu den Menschen, die ohne Hoffnung waren, zu den Sprachlosen, die nun singen. Höre jenen zu, die einst ohne Hoffnung und Trost waren. Setze dich mit ihm an das Bett von Sterbenden, die in letzter Sekunde das Leben fanden. Erlebe, dass ER (Gott) lebt und dich liebt!

Es gibt (k)ein Zuspät

Von der Notwendigkeit, unsere Zeit mit Liebe zu füllen;
160 S., Pb.

Was machen wir mit unserer Zeit?

Zu spät – Es gibt so vieles, das wir nicht rückgängig machen oder nachholen können. Was macht das mit uns, und was machen wir damit? Wie können wir trotzdem Frieden finden?

Noch nicht zu spät – Wie viel Zeit habe ich noch, um etwas zu erledigen, das mir wichtig ist? Kann ich Versöhnung und Vergebung erlangen, bevor ich die Chance dafür verpasst habe?

Rechtzeitig – meine Beziehung zu Gott und den Menschen in Ordnung bringen, Heilung im Herzen erlangen, das ist möglich.

Durch viele berührende Lebenszeugnisse ermutigt uns Michael Stahl, rechtzeitig die Chancen zu ergreifen, die wirklich wichtigen Dinge zu tun.

Aber er zeigt auch auf, dass es selbst nach einem Zuspät noch Hoffnung gibt, im eigenen Herzen zur Ruhe zu kommen.

Maja Loretta – Post aus den Wolken

Es ist nicht wichtig, wie lange du lebst, sondern wie du lebst; 80 S., gebunden, vollfarbig

„Post aus den Wolken", so lautete die Überschrift des Abschiedsbriefes von Maja Loretta, die mit sechzehn Jahren an Krebs verstarb. Diesen Brief hatte sie für ihre eigene Trauerfeier verfasst. Maja wollte die Welt verändern. Wer ihr begegnete, wer in ihre Augen sah, wer ihre unbeschreibliche Freude und Dankbarkeit erlebte, dessen Leben wurde schon in wenigen Augenblicken ein Stück zum Guten verändert.

Trotz schweren Leidens und vieler Operationen war sie erfüllt von der Liebe Gottes. Wenn Sie von Jesus Christus sprach und davon, dass sie bald nach Hause gehen würde, spürten die Zuhörer, dass dieses Mädchen von einer Liebe getragen wurde, die nicht von dieser Welt war. Michael Stahl und einige ihrer Freunde haben ihre Geschichte aufgeschrieben.

Vater-Sehnsucht

120 Seiten, Paperback

Immer mehr Kinder wachsen in dieser Welt ohne Vater auf. Was wird aus diesen Kindern? Der Vater ist der erste Held im Leben eines Kindes. Dieser mächtigste Mensch der Welt kann Wunden schlagen und sie auch heilen.

Michael Stahl, lässt uns an der Entstehung und dem Heilungsprozess seiner eigenen Vaterwunden teilhaben. Und er berichtet, was er erlebt, wenn er in Schulen, Heime, Gefängnisse oder Firmen geht und dort Menschen hilft, sich miteinander zu versöhnen.

Das Buch ist eine Schatzgrube für alle auf der Suche nach Wurzeln, Identität und Wahrheit. **Das Buch ist auch als Hörbuch sowie in Englisch und Russisch erhältlich.**

MutMacherKiste

Aufstehen – Lieben – Kämpfen – Siegen

114 Seiten, Wire-O-Bindung, vollfarbig

Michael Stahl – der MutMacher in Person – hat seine wichtigsten Erfahrungen der letzten Jahre zusammengetragen: viele faszinierende Geschichten über Wunder und Vergebung, die tief berühren.

Der Grafiker Rainer Zilly hat daraus ein kurzweiliges, ästhetisches und praktisches MitMach-Buch gestaltet – eine Fundgrube für alle, die neuen Mut brauchen, anderen Mut machen wollen oder gerne einfach interessante Geschichten und Berichte lesen.

53 Männer

Abenteuer zwischen Gazastreifen und See Genezareth

144 Seiten, Paperback

Was für eine liebevolle und verrückte Bande! Das könnte man über die 53 ganz unterschiedlichen Männer, die sich zu einer Israelreise zusammentun, spontan denken. Eine Woche wie die Ölsardinen zusammengepfercht und doch kein böses Wort, sondern Lachen, Ernsthaftigkeit, tiefe Gespräche und Männertränen – ohne Scham!

Begleite diese illustre Schar auf den staubigen Wegen Israels, auf denen einst Jesus Christus unterwegs war. Erfahre mit ihnen die besondere Atmosphäre im Garten Gethsemane, schippere mit ihnen ein Stück über den See Genezareth und wirf mit ihnen einen Blick auf den Gazastreifen.

Claudia Bolanz | Rainer Zilly (Hrsg.)
MutMachPerlen

BeHERZte Erlebnisse von Frauen in Zerbruch und Schönheit

Mit einem **Vorwort von Michael Stahl**; 216 S., Pb.

In diesem Buch berichten 64 bekannte und weniger bekannte Frauen offen und ehrlich über herausfordernde Situationen in ihrem Leben, die sie an ihre Grenzen gebracht haben, und in denen ihnen Gott begegnet ist. Sie schreiben über ihre Schwächen und Fehler, ihre Verluste, Nöte, Krankheiten und noch vieles mehr, aber auch darüber, wie Gott ihnen hindurch und herausgeholfen hat – durch „kleine" und durch „große" Wunder.

Mit dabei sind u.a. Florence Joy Enns, Sefora Nelson, Claudia Bolanz, Kathrin Lederer, Heike Malisic, Birga Pürschel, Katja Ryzak, Dr. Anni Stigler, Katja Vosseler, Dr. med. Dorina Windecker, Elisabeth Wiedenmann, Yasmin Da Costa und Ana Feineis.

Verbranntes Männerherz

Auf der Suche nach Männlichkeit (Roman)

120 Seiten, Paperback; **auch als Hörbuch erhältlich!**

Joe, der alles hat, was ein moderner Mann haben sollte, zweifelt an sich und seiner Männlichkeit. Auf der Suche nach Sinn begibt er sich auf eine abenteuerliche Reise.

Er begegnet einem mysteriösen Fremden, der ihm alle Fragen beantwortet, die ihn jahrelang gequält haben. Joe fängt an, an Gott zu glauben und ihn zu lieben. Unfassbare, unerklärliche und wunderbare Dinge geschehen. Wagen Sie mit ihm einen Blick in den Himmel. **Das Buch ist auch als Hörbuch erhältlich.**

Michael Stahl / Klaus Hettmer
Deine Sehnsucht nach dem Paradies

192 Seiten, Paperback

Jeder Mensch sehnt sich nach wahrer Liebe, bedingungsloser Annahme und echtem Frieden. Ohne Gott sind wir jedoch der Herrschaft von Lüge, Gewalt und Hass hilflos ausgeliefert.

Gott aber hat von Ewigkeit her einen anderen Plan für uns. Er will uns das verlorene Paradies wieder zugänglich machen. In Jesus Christus hat er den Teufelskreis menschlicher Schuld und Sünde durchbrochen und alles dafür getan, um uns Zukunft und Leben zu geben.

Daniel Gröber
Hunger … beginnt mit einer Sehnsucht

Wie wir Körper und Seele ins Gleichgewicht bringen;
Vorwort von Michael Stahl

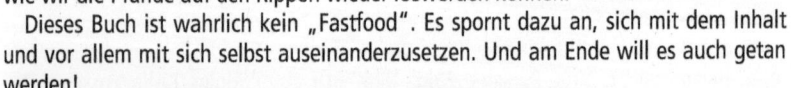

128 S., Großformat-Paperback, vollfarbig

Warum essen wir zu viel, wenn unsere Seele hungert? Wie kommen wir davon los und zu einem gesunden Lebensstil?

Mit klaren Worten, aber auch viel Herz geht Daniel Gröber nicht nur dem Hunger in seiner tieferen Bedeutung auf den Grund, sondern zeigt uns auch den Weg aus der seelischen Wüste – und darüber hinaus, wie wir die Pfunde auf den Rippen wieder loswerden können.

Dieses Buch ist wahrlich kein „Fastfood". Es spornt dazu an, sich mit dem Inhalt und vor allem mit sich selbst auseinanderzusetzen. Und am Ende will es auch getan werden!

Weitere Bücher von GloryWorld-Medien

Dr. Larry Richards
Die volle Waffenrüstung Gottes

Gut geschützt gegen die Angriffe des Bösen; 208 Seiten, Pb.

Die Bibel macht deutlich, dass ein Großteil unserer Unsicherheiten, Ängste und Zweifel auf den Machenschaften böser Mächte beruhen. Deshalb ist es so entscheidend, dass wir sowohl die Strategien kennen, die Satan benutzt, um uns anzugreifen, als auch die Rüstung, die Gott uns zur Verfügung stellt, um uns dagegen zu schützen.

Eine biblische Dämonologie, Hilfen zum Umgang mit dem Bösen in der Seelsorge sowie Lektionen für „Lebe-frei-Selbsthilfegruppen" runden das Buch ab.

Henk Bruggeman

Das Herz des Vaters entdecken

Unsere Identität als Söhne und Töchter Gottes empfangen;
208 Seiten, Pb.

Gott sehnt sich mehr denn je danach, seinen Kindern sein Vaterherz zu offenbaren. Er möchte, dass wir ihn nicht nur mit dem Kopf, sondern vor allem mit dem Herzen kennenlernen.

Statt einer Distanziertheit soll eine innige Vertrautheit unsere Beziehung zu ihm prägen. Darüber hinaus möchte er uns aber eine neue Identität schenken: die Identität der Sohnschaft. Wir entdecken mehr und mehr, wie wir als echte Söhne und Töchter Gottes leben können.

Dr. Henry Wright

Die geistlichen Ursachen von Krankheiten

Klare Antworten auf Ihre Fragen zu Krankheitsprävention und Heilung, 208 Seiten, Pb.

Gemäß den langjährigen Erfahrungen des Autors haben etwa 80 Prozent aller Krankheiten eine geistliche Ursache und sind die direkte Folge einer gestörten Beziehung zu Gott, zu uns selbst oder zu anderen. Gott offenbarte ihm aus seinem Wort, was die geistlichen Ursachen von Krankheiten und den Blockaden zur Heilung sind.

Er geht insbesondere auf folgende Krankheitsarten ein: Allergien, Autoimmunerkrankungen, psychische Störungen, Herz-Kreislauf-Erkrankungen und Belastungsstörungen (z. B. Stresskrankheiten).

Phil Mason, Quanten-Herrlichkeit

Die Wissenschaft von der Inbesitznahme der Erde durch den Himmel; 520 Seiten, Paperback

Quanten-Herrlichkeit erläutert auf eine äußerst spannende Weise die Zusammenhänge zwischen den faszinierenden Erkenntnissen der Quantenmechanik und der Herrlichkeit Gottes.

Der erste Teil untersucht die subatomare Welt und enthüllt ihren außergewöhnlich komplexen göttlichen Plan, der die Genialität unseres Schöpfers offenbart.

Im zweiten Teil erklärt der Autor ausführlich, wie die Herrlichkeit Gottes in unser physisches Universum eindringt, um Wunder göttlicher Heilung zu bewirken.

Das Buch ist vollgepackt mit verblüffenden Erkenntnissen, aber mehr als das, ist es dazu bestimmt, uns für den übernatürlichen Dienst auszurüsten, damit wir die Herrlichkeit Gottes auf der Erde freisetzen, wie sie im Himmel ist!

Barry & Lori Byrne, Liebe in der Ehe

Eine tiefere geistliche, emotionale und körperliche Einheit erleben; Vorwort von Bill Johnson; 334 S., Klappenbroschur

Gott möchte, dass die Ehe ein Ort echter Liebe und Vertrautheit ist. Dafür brauchen wir die Hilfe des Heiligen Geistes. Mit ihm können wir die Ursachen unserer Konflikte erkennen und überwinden. Unsere Ehe kann Heilung und Wiederherstellung erfahren, egal, wie der momentane Zustand ist.

Mit klarer biblischer Lehre und vielen praktischen Hilfen packen die Autoren die wichtigsten heißen Eisen an. Viele ermutigende Erfahrungsberichte verdeutlichen die dramatische Heilung und Intimität, die mit Gottes Hilfe möglich ist.

Danny Silk, Erziehung mit Liebe und Vision

Herzensbeziehungen eingehen statt Machtkämpfe austragen; Vorwort von Bill Johnson; 170 S., Pb.

Danny Silk fordert uns in unserem bisherigen Denken über Liebe, Disziplin und Respekt, ja in unserer generellen Vorstellung von Kindererziehung heraus. Er stellt eine Denk- und Lebensweise vor, die eine Leichtigkeit und Frieden in unsere familiären und sonstigen Beziehungen bringt.

Unser Herz spielt dabei die zentrale Rolle. Das Herz der Eltern und das Herz der Kinder. Wenn beide Seiten verstehen, wie sich ihr jeweiliges Verhalten auf das Herz des anderen auswirkt, werden die Herzen geschützt und Beziehungen können gedeihen.

Dutch Sheets
Dein Herz soll wieder schlagen

Wie Gott neue Hoffnung in unser Leben haucht

160 Seiten, gebunden

Unerfüllte Hoffnungen und Wünsche können unser Herz emotional oder geistlich genauso krank machen wie physische Herzkrankheiten. Ja, sie haben die Macht, unsere emotionalen Herzen auszuschalten und unsere Fähigkeit, die Zukunft im Glauben und voller Zuversicht anzugehen, zu zerstören. Dutch Sheets erläutert, wie wir davon geheilt werden können.

Bestellen Sie im Buchhandel oder direkt beim Verlag (versandkostenfrei in D):

GloryWorld-Medien | Beit-Sahour-Str. 4 | D-46509 Xanten
Fon: 02801-9854003 | Fax: 02801-9854004 | info@gloryworld.de

Aktuelles, Leseproben, Downloads & Shop: **www.gloryworld.de**